# The *Secret* of Wigglesworth's *Power*

# 스미스 위글스워스의
# 능력의 비밀

## 평범에서 **비범으로**
From Ordinary to Extraordinary

피터 J. 매든 지음 | 박미가 옮김

믿음의말씀사

The Secret of Wigglesworth's Power
ISBN 0-88368-586-8
Printed in the United States of America
ⓒ 2000 by Whitaker House

Whitaker House
30 Hunt Vally Circle
New Kensington, PA 15068

2009 / Korean by Word of Faith Company, Korea.
Translated and published by permission
Printed in Korea.


스미스 위글스워스의 능력의 비밀
The Secret of Wigglesworth's Power

1판 1쇄 인쇄일 · 2009년 3월 19일
1판 1쇄 발행일 · 2009년 3월 21일

지 은 이   피터 J. 매든
옮 긴 이   박 미 가
발 행 인   최 순 애
펴 낸 곳   믿음의 말씀사
주    소   경기도 용인시 기흥구 마북동 323-4
전화번호   (031) 8005-5493   FAX : (031) 8005-8897
홈페이지   http://faithbook.kr
출판등록   제68호 (등록일 2000. 8. 14)

ISBN 89-90836-73-5  03230
값 7,000원

## 바치는 글

하나님 안에서 이 책을
나의 어린 네 명의 챔피언들인
레베카(Rebekah), 조르단(Jordan),
예수아(Jeshua), 그리고 하다스(Haddas)에게
바칩니다.

## 추천의 글

피터 매든(Peter Madden)의 설교가 새롭고 신선하다는 사실은 그가 쓴 글들을 보면 확실합니다. 그의 예언적 메시지는 우리에게 하나님의 말씀에 관해 도전적인 시각을 갖게 해줍니다.

스티브 라이더 박사(Dr. Steve Ryder)
리치 아웃 포 크라이스트, 국제 사역
골드 코스트, 호주

저는 매든이 스미스 위글스워스의 부흥 사역에 관해 관심을 갖고 있다는 사실에 깊은 인상을 받았습니다. 평생 동안 매일 몇 시간씩 부흥을 놓고 기도하였던 레오나드 레이븐힐(Leonard Ravenhill) 목사님의 친구였던 저는 그가 생전에 위글스워스의 부흥을 향한 열정을 높이 평가하는 말을 자주 들었습니다. 저는 매든의 책을 읽는 독자들은 자신에 대해 죽고 그리스도를 통해 다시 살아나 그리스도에게 자신을 전적으로 내어드리는 위글스워스가 살았던 삶과 같은 삶을 살게 되리라 믿습니다. 이 책의 끝 부분에 실린 캐서린 쿨만의 간증은 자신을 전적으로 포기한 종에게 하나님이 하신 일이 무엇인지를 전해줌으로 여러분들에게 도전을 줄 것입니다.

베티 다핀(Betty Daffin)
(카이쓰 그린이 설립한) 라스트 데이즈 미니스트리

피터 매든 목사님은 그리스도인들의 내면에 있는 대적들을 십자가의 능력으로 물리칠 수 있도록 해주십니다. 그분이 전한 진리가 저의 삶에 지대한 영향을 끼쳤기에 여러분들도 동일한 영향을 받게 되리라 믿습니다.

프란시스 아푸렐(Francis Apurel) 목사
미라클 미니스트리, 파푸아, 뉴기니아

## 감사의 글

다음의 분들과 단체에 대해 감사의 말씀을 드립니다.

**평화의 집(The Home of Peace), 오클랜드, 캘리포니아** – 이곳은 제가 스미스 위글스워스의 우수한 메시지들을 발견한 곳입니다.

**레이 블룸필드(Ray Bloomfield)** – 이 분은 "천국을 조금 만지기(A Little Touch of Heaven)라는 제목의 이야기를 저에게 해주셨던 분이시고 과거 수년간 저에게 크나큰 영감을 주신 분이십니다.

**캘리포니아 주의 툴롬메 지역의 목사님들** – 이 분들을 제가 이 책을 저술하는 동안 저와 함께 기도한 기도의 동역자들이고 저의 귀한 친구들입니다.

**캐서린 쿨만 재단(The Kathryn Kuhlman Foundation), 피츠버그, 펜실바니아** – 이 단체는 이 책의 마지막에 실린 캐서린 쿨만의 설교를 인용할 수 있도록 허락해 주셨습니다.

# 스미스 위글스워스에 관한 일화들
## 치유하는 능력

"그분이 오시고 있어! 어서 서둘러."

샌프란시스코에 살고 있는 어느 가족이 예수 그리스도의 능력을 갖고 있는 한 사람이 그들이 살고 있는 동네 가까이로 다가오고 있다는 말을 전해 들었습니다. 그 사람은 걸어가면서 하나님의 말씀을 전하고 또한 길거리에서 아픈 사람들을 고쳐주는 사람입니다. 그 사람이 오늘 이 동네를 통과하기로 한 이유는 이 동네에는 그가 전하는 말을 듣고 싶어 하는 사람이 너무나 많이 있다는 사실을 익히 알고 있었기 때문입니다.

그가 점점 그 가족이 사는 동네로 다가오자 그 가족은 자신의 가족 중에서 가장 어린 딸을 그가 지나가는 가장 가까운 곳에 모여 있는 병자들 틈에 낄 수 있도록 하기 위해 온 힘을 기울였습니다. 그가 길모퉁이를 막 돌아서자 그 가족들은 그가 지나가면서 하는 하나님에 관한 말씀을 들을 수 있었습니다. 그 말씀은 그 가족들의 마음속에 들어와 박혀서 자신들이 죄인임을 깨닫게 되었습니다. 이제 그 가족들은 그토록 바래왔던 치유의 기적을 체험하게 될 수 있으리란 확신을 더 확실하게 가질 수 있게 되었습니다.

위글스워스가 지나갈 때 그의 그림자가 한 사람씩 한 사람씩 덮고 지나가게 되자, 그 거리에 모여 있던 아픈 사람들이 기적적으로 치유되었습니다. 그가 그 가족의 귀한 딸의 옆을 지나가게 되는 순간, 그 가족들은 숨을 죽였습니다. 이때 그들은 이 사람이 전하고 있는 예수님은 오늘날도 치유하시는 분이라는 사실을 의심 없이 받아들였습니다.

그 사람이 그 가족의 딸을 지나가자, 그녀의 가족들은 자신들이 사랑하는 그녀가 예수의 능력으로 치유되고 있는 것을 눈으로 확인할 수 있었습니다. 즉 "예수의 증거"(계 19:10)를 목격할 수 있었던 것입니다. 1900년 전에 사도 베드로가 예루살렘 거리를 걸어갈 때 일어났던 일이 재현되고 있었습니다.[1]

\* \* \* \* \* \* \* \* \* \* \*

## 하나님께서 주신 건강하게 살 수 있는 능력

란츠 박사(Dr. Lanz)가 발가락으로 몸을 고추 세우며, "위글스워스씨, 당신은 정작 의치(false theeth)를 갖고 계시면서 어떻게 하나님이 주신 건강에 대해 설교할 수 있단 말입니까?"라고 물었습니다. 이에 대해 위글스워스는 "제가 과거 오십년 동안 치과 치료를 받는 적이 있다는 사실을 증명할 수 있는 사람이 있다면, 저는 그 사람에게 5파운드의 돈을 드리겠습니다."라고 잘라 말했습니다.

스위스의 유명한 치과 의사인 란츠 박사는 무려 81세나 된 위글스워스의 입안을 다 조사하였습니다. 그 결과 위글스워스의 치아는 그가 본 그 어떤 사람들의 치아보다 더 튼튼한 치아라는 사실을 알게 되었습니다. 그래서 그는 위글스워스에게 잘못 알고 말했다는 사실을 깨닫고 뉘우쳤습니다.[2]

\* \* \* \* \* \* \* \* \* \* \*

## 죄를 깨닫게 하는 능력

"당신은 우리들의 죄를 깨닫게 해주었습니다."

옷차림으로 보아 목사인 것이 분명한 두 사람이 기차를 타고 아일랜드로 향하고 있었습니다. 이 두 사람은 위글스워스가 있는 곳 근처에 이르게 되자, 이제는 노인이 되어 머리카락이 회색으로 변해버린 작은 체구의 스미스 위글스워스가 지니고 있던 능력에 의해 자신들이 범한 죄를 깨닫고는 위글스워스 앞에 무릎을 꿇고 울기 시작하였습니다. 그 두 사람들은 이런 식의 경험을 한 적이 결코 없었던 사람들이었습니다. 그들은 이 능력이 예수의 능력임을 알았습니다. 이날부터 이 두 사람은 전혀 다른 삶을 살기 시작하였습니다.[3]

# 목 차

머리말 ······················································································ 15
소개의 글 ················································································· 19

## 제 1 부  겉옷 물려주기 ································································ 29

## 제 2 부  그리스도의 편지 ···························································· 51
핵심 #1  하늘서 직접 온 메시지 ············································ 61
핵심 #2  깊은 것이 깊은 것을 부름 ······································· 70
핵심 #3  육적인 것들이 죽음 ················································ 103
핵심 #4  눈을 가리고 있는 "수건"은 벗겨져야 한다 ········· 108
핵심 #5  내가 그리스도와 함께 십자가에 못 박혔다 ········· 116
핵심 #6  최고의 높임 ···························································· 128

## 제 3 부  최고의 구원 ································································ 143
핵심 #1  숨겨져 있는 만나 ··················································· 158
핵심 #2  심령이 가난함 ························································ 164
핵심 #3  속사람의 울부짖음 ················································ 171
핵심 #4  하나님과 동행하는 것이 의다 ······························ 174
핵심 #5  내 안의 부흥 ·························································· 178

## 끝맺는 말 : 캐서린 쿨만의 간증 ·············································· 181

후주 ························································································· 190
저자 소개 ················································································ 192
역자 소개 ················································································ 193

# 머리말

저의 절친한 친구이자 복음 전도 사역자인 피터 매든이 지은 이 책의 처음 부분에 추천의 글을 쓰게 된 것이 저에게는 큰 영광입니다.

천년의 기간이 끝나고 새로운 천년으로 넘어가려는 지금, 저는 말씀을 전하기 위해 여러 나라들을 다니며 보고 체험한 결과, 세계의 여러 나라들이 이제는 더 이상 통하지 않기에 쓸모없게 된 과거의 가치관들과 방법들을 버리고 있다는 사실을 알게 되었습니다. 역사는 무엇이 한시적이고 과도기적인 것이고, 무엇이 영구한 것인지를 우리에게 잘 가르쳐줍니다.

21세기는 산업 시대는 점점 물러가고 정보 기술은 점점 무대의 중앙으로 등장하는 시대이고 사람들은 서로 만나지 않고서도 일을 처리하는 경우가 점점 더 많아지는 시대입니다. 그러기에 21세기는 개인성은 증가하지만 인간 관계성은 감소하는 시대입니다. 그럼에도 불구하고 세기를 뛰어넘어 하나님께서 일하시는 시스템에는 기계가 아닌 인간이 항상 포함되어 왔습니다. 그렇기 때문에 하나님은 21세기에도 역시 그렇게 하실 것입니다. 위대한 기독교 작가인 이 엠 바운스(E. M. Bounds)도 하나님은 항상 인간을 포함하여 일하시는 방법을 택하신다고 표현하였습니다. 저는 지금 과거의 철학에 집착하여 변화하지 말 것을 촉구하고 있는 것이 아닙니다. 그러나 저는 역사적으로 가치가 있는 것으로 증명된 가치관을 단지 시대가 변했다는 이유와 현재는 더 이상 통하지 않는다는 이유만으로 과거의 철학과 함께 쓸모없는 것으로 간주하여 버리는 섣부른 판단을 내리지 않도록 조심하여야 한다는 말을 하고 있는 것입니다. 피터 매든도 이 점에 있어서는 저와 같은 견해를 견지하고 있기에 이 책에서 바로 전 세기의 위대한 복음 전도자의 삶을 이 책에 기술하였습니다.

역사는 인간은 결코 과거의 역사로부터 배우려 하지 않는다는 사실을 우리에게 가르쳐줍니다. 이러한 원칙에 있어서는 교회도 예외가 아닙니다. 교회의 역사를 돌이켜보면 교회는 끊임없이 과거의 신학들로부터 이탈하려고 시도하였고 그 결과 자주 이단이라는 덫에 걸려 왔습니다. 그동안 교회는 교회 내에서 나온 여러 철학적 이론들과 지성적 논리들이 이단적인 이론들에 불과하다는 사실을 증명하는데 너무나 많은 노력과 시간들을 허비함으로, 교회의 진보를 저해하였을 뿐입니다. 그러므로 교회의 역사는 수레바퀴에 비교할 수 있습니다.

기독교에 대해 적대적인 세상은 교회와 교회가 믿는 신앙에 대해 일관성 있게 신실할 것을 요구하고 있습니다. 그러나 기독교 내에서는 진리에 대해 도전하는 비이성적인 무익한 이론들이 끊임없이 제기 되어옴으로 말미암아, 교회에 대한 세상 사람들의 신뢰도에 금이 가온 것이 사실입니다. 교회는 세상에 진리를 드러내야 하고, 세상 사람들에게 세속적인 삶을 살지 말라고 말해주어야 합니다. 그러기에 교회가 그들이 믿고 있는 바 경건한 도덕적 삶의 기준에 따라 삶을 살아가지 못한다면, 세상은 당연히 교회에 대해 교회가 표방하고 있는 도덕적 삶을 살아가라고 요구할 것입니다.

세상에 만연한 실용주의와 현실주의로 인해 기독교(특별히 서구 기독교)가 여러 가지 좋은 것들을 놓치고 있는데 그 중에 특별히 중요한 두 가지는 바로 겸손과 희생입니다. 현대의 교회들은 겸손과 희생을 더 이상 귀한 것으로 여기지 않고 있습니다. 베드로는 하나님께서는 과거 세대의 사람들에게 그러셨던 것처럼 그들 세대의 사람들에게도 동일한 반응을 요구하실 것을 굳게 믿었습니다. 저도 베드로가 믿었던 바를 믿습니다. 진리에 빠른 길이 없듯이 부흥에도 빠른 길이 없습니다. 사람들이 하나님의 부흥에 동참하도록 하기 위해서는 과거에 있었던 바람직한 부흥들이 우리에게 주는 가르침으로부터 결코 벗어나서는 안 됩니다. 왜냐하면 이러한 과거의 모범이 되는 부흥들은 부흥에 관한 성경의 기초와 원칙들을 잘 따랐기 때문입니다.

베드로는 부흥에 관해 어느 정도는 전통적인 견해를 나타내 보임으로 조화로운 입장을 견지하였습니다. 복음 전도자 스미스 위글스워스의 생애를 살펴보면 잘 알 수 있듯이, 위글스워스는 부흥에 관해 베드로와 같은 입장을 갖고 있었습니다. 그들의 이러한 견해는 낡고 쓸모없는 견해가 아니라 오히려 그 반대입니다. 부흥에 관한 오늘날의 가르침들이 놓치고 있는 기초적인 요소들이 이들의 부흥에 관한 견해에는 분명히 들어 있었습니다. 베드로는 하나님의 능력과 임재를 너무나도 잘 나타내면서 살았고 하나님과 하나님이 주시는 신적 부흥을 추구하며 살았습니다. 베드로는 크나큰 자기희생과 헌신의 삶을 살아가신 위대하신 복음 전도자이신 예수를 너무나도 잘 나타내며 살았습니다. 이 책은 베드로가 삶으로 나타내었던 것을 나타내고 있는 책이기에 저는 이 책을 여러분들에게 추천합니다.

브라이언 헤이(Brian Hay)
국제적 복음 전도자

## 소개의 글

스미스 위글스워스는 예수 그리스도에 관한 엄청난 계시를 갖고 있으면서 놀라운 믿음을 소유하며 살았던 사람입니다. 그는 부흥을 일으키는 사람(revivalist)이었습니다. 그는 20세기 전체를 통해서 단지 소수의 몇 사람들만이 살았던 높은 수준의 성령의 삶을 살았습니다. 사실 그가 산 성령의 삶은 너무도 대단했습니다. 그는 마지막 35년간의 삶을 마치 이 세상의 법칙을 떠나 천국에서 사는 것과 같이 살았습니다. 그 결과 그의 사역을 통해 수많은 사람들이 구원받고, 치유받고, 귀신들이 쫓겨나갔으며, 그가 가는 곳마다 많은 사람들이 서로 화해하였습니다.

스미스 위글스워스가 천국으로 간 1947년 이후에도 그가 살았던 삶은 수백만 명의 사람들에게 영향을 끼쳐왔는데, 이러한 사실은 참으로 놀랍지 않을 수 없습니다. 그럼에도 불구하고 그가 살았던 성령의 삶에 관한 연구는 아직도 부족하다고 할 수 있습니다. 한 시대가 끝나가고 있고 우리 주와 구원자가 되시는 예수 그리스도의 재림이 점점 가까워지고 있는 지금, 하나님께서는 위글스워스처럼 성령의 삶을 살아갈 하나님의 군대들을 "마지막 때의 군대"로서 불러일으키고 계십니다. 이 하나님의 군대들은 세상으로 나가 예수님의 재림 전에 있을 영혼들을 향한 마지막 큰 추수 때에 크게 쓰임 받게 될 것입니다.

## 한 시대에 한 명의 "위글스워스"만 있어야 하는가?

여러분들 중에는 "한 시대에 위글스워스와 같은 사람이 단지 한 명만 나와야 합니다. 그리고 그렇게 되는 것은 하나님께 달려있습니다."라고 말하고 싶은 분들이 여러 명 계실 것입니다. 그러나 저의 견해는 좀 다릅니다. 하나님은 우리에게 그래야만 한다고 말하신 적이 없습니다. 하나님은 또한 위글스워스의 삶이 우리가 살아가야 할 유일한 삶이요, 유일한 "살아있는 편지"(고린도후서 3장 3절을 보십시오.)라고 말하신 적이 없습니다. 그러나 하나님께서는 우리 모두가 성령의 도우심으로 위글스워스처럼 살아가는 것이 가능하고 또한 위글스워스처럼 성령으로 가득 찬 삶을 살아가기를 원하십니다.

## 그의 부흥의 핵심

예수님께서는 "구하라, 그러면 너희에게 주실 것이요. 찾으라, 그러면 찾을 것이요. 문을 두드리라, 그러면 너희에게 열릴 것이다."(마 7:7)라고 말씀하셨습니다. 그러나 우리는 이런 기도를 하기 전에 우리가 구하고 찾아야 할 것이 무엇인지를 먼저 알아야 합니다. 우리는 위글스워스의 삶을 조사해봄으로, 우리가 마땅히 하나님께 찾고 구해야 할 것이 무엇인지를 잘 알 수 있게 됩니다.

저는 하나님으로 가득 차서, 하나님을 추구하여 살려고 애쓰는 가운데, 하나님의 인도를 통해 위글스워스의 삶과 메시지를 연구하게 되었습니다. 그 결과 어떻게 그가 그토록 놀라운 하나님의 능력을 강물처럼 사람들에게 흘러내보내고, 나타내게 되었는지에 대해 알게 되었습니다. 위글스워스가 나타낸 능력의 정도는 그의 성령 충만의 정도와 그가 예수 그리스도와 함께 십자가에 못 박혔던 정도(갈 2:20)에 비례한다는 사실을 제가 알게 된 것입니다. 위글스워스의 삶을 통해 일어난 부흥의 핵심이 바로 이러한 사실에 있었습니다. 그의 삶과 그가 전한 메시지에는 십자가의 영광스러운 능력이 있음을 독자 여러분들은 보게 될 것입니다. 위글스워스가 보여준 능력의 비밀은 바로 십자가에 있었습니다. 우리 시대에 우리가 장차 경험하게 될 부흥도 십자가가 기초가 되어야 합니다.

## 그분의 신부와 군대

하나님은 이 땅에서 군대가 될 사람들을 찾고 계십니다! 이 시대의 마지막이 가까워질수록 그분께서는 그분의 군대에 속하여 담대히, 철저히, 그리고 "그 짐승과 땅의 임금들"(계 19:19)

과 철저하고도 도전적이며 담대하게 싸울 사람들을 찾고 계십니다. 그분께서는 또한 고귀하고도 순결하며 사랑스러운 그분의 신부가 될 사람들을 찾고 계십니다(계 19:7-8). 오늘날 하나님께서는 여러 선지자들과 교사들을 통하여 하나님의 신부들과 군대들을 전 세계적으로 부르고 계십니다. 우리는 신부와 군대가 동일하다는 사실을 알아야 합니다. 그분의 신부와 군대는 둘 다 교회입니다. 그분의 신부와 군대는 둘 다 남은 자이며 또한 "살아계신 하나님의 아들들"(롬 9:26)입니다.

이제 곧 다가올 마지막 날들에는 크나큰 추수가 있게 될 것입니다. 이에 대해 성경은 "이미 희어져 추수하게 되었다"(요 4:35)고 표현하고 있고 "한 알의 밀이 땅에 떨어져 죽지 아니하면 한 알 그대로 있고 죽으면 많은 열매를 맺는다."(요 12:24)고 말하고 있습니다.

오늘날의 교회들은 1700년대에 있었던 웨슬리 식이나 휫필드 식의 부흥(a Wesley - and Whitefield - type revival) 내지는 조나단 에드워드 식의 영적 갱신(a Jonathan Edwards - type awakening)을 추구하고 있거나 1800년대에 있었던 찰스 피니(Charles Finney)가 일으켰던 부흥들이 다시 일어나기를 갈망하고 있습니다. 이런 부흥들은 회개와 십자가를 강조하는 설교로 인해 일어난 부흥입니다. 회개와 십자가가 이들 부흥의 핵심이긴 하지만 이러한 복음주의자들(evangelicals)을 통해 일어난 부흥에는 성령의 능력이 빠져 있습니다.

반면, 오늘날 오순절주의자들과 은사주의자들은 능력이 나타나는 부흥을 추구하고 있습니다. 대부분의 경우 오순절주의자들과 은사주의자들이 일으킨 부흥에는 성령이 부어지고 크나큰 기사와 이적들이 나타나며 기적과 예언의 은사들이 불붙듯이 일어납니다. 그러나 이들을 통해 일어난 부흥 집회에서는 십자가의 메시지가 약합니다.

## 십자가와 오순절의 결합

갈보리 십자가와 오순절이 서로 결혼하기 전에는 결코 마지막 시대의 거대한 추수는 절대로 오지 않을 것입니다. 갈보리와 오순절이 함께 하고, 능력과 십자가가 함께 하고 자신을 죽이는 삶과 사도행전에 나타난 사도들의 과격한 삶이 서로 함께 해야 마지막 부흥이 도래하게 됩니다. 첫 부흥이 이 둘의 결합 하에 일어났기에 마지막 부흥도 그러해야 합니다. 위글스워스는 이 둘의 결합을 이룬 사람입니다. 즉 그는 십자가와 능력이 결합하도록 하였습니다. 제가 위글스워스의 삶을 공부하면 공부할수록 이러한 적은 저에게 더욱 분명하여졌고, 위글스워스가 그리스도 안에서 발견하였던 갈보리 십자가와 오순절 능력의 결합에 대한 저의 갈망은 더욱 더 커져만 갔습니다.

**위글스워스는 십자가와 능력이 함께 하도록 하였습니다.**

위글스워스의 사역을 통해 일어난 기적과 이사에 대해 알기 위해 많은 사람들이 이 책을 읽게 되는 일들이 일어났으면 하는 것이 저의 바램입니다. 저는 독자들이 이 책을 통해 십자가를 발견하게 되기를 원합니다. 또한 저는 이 책을 읽는 오순절 계통과 은사주의 계통의 독자들이 이 책을 통해 발견한 십자가를 그들의 복음주의자 친구들에게 말해줌으로, 복음주의자들도 이 책을 읽을 수 있게 되기를 바랍니다. 그 결과 복음주의자들이 이 책을 통해 십자가만이 아니라 성령의 능력도 발견하게 되기를 기도합니다.

## 대추수를 감당할 사람들이 필요함

그러므로 추수하는 주인에게 청하여 추수할 일꾼들을 보내 주소서 하라 하시니라 (마 9:38)

이 책을 통해 추수를 감당할 추수꾼들과 하나님의 군대들이 하나님의 부르심에 응답하여 스미스 위글스워스가 그랬던 것처럼 자신들이 지고 가야할 십자가를 지고 감으로 위글스워스가 입었던 능력의 겉옷(열왕기상 19장 19-21절과 열왕기하 2장 9-15절을 보십시오.)을 입게 되는 일이 일어나기를 간절히 바랍니다.

만일 여러분들이 저의 첫 저서, "위글스워스는 이렇게 했다(The Wigglesworth Standard[4])"를 읽어보지 않으셨다면, 그 책을 읽어 보실 것을 강력하게 권합니다. 그 책을 읽게 되시는 분들은 위글스워스의 삶에 대해 잘 이해할 수 있게 되고, 그가 살았던 삶을 자기의 삶에 적용할 수 있게 됨으로써, 그가 살았던 성령 안에서의 삶을 살 수 있게 되는 놀라운 일이 일어나게 될 것이라고 생각합니다. 위글스워스의 삶과 사역을 통해 우리가 발견할 수 있는 것이 있는데, 그것은 그의 삶의 푯대입니다. 위글스워스는 그 푯대를 향하여 그리스도 예수 안에서 하나님이 위에서 부르신 부름의 상을 위하여 좇아갔습니다(빌 3:14). 우리는 이 책을 통해 위글스워스가 살았던 삶이 어떤 삶인지에 대한 지식을 얻는 것이 아니라, 그가 살았던 푯대를 향해 달려가는 삶을 우리도 살 수 있게 될 것입니다.

그러므로 나의 형제들이여, 제가 저의 저서 "위글스워스는 이렇게 했다(The Wigglesworth Standard)"에서 이미 언급하였듯이, 여러분들은 여러분들을 부르시는 하나님의 소리를 들으셨습니다. 그 소리를 듣고 응답해야 되겠다는 열망이 타올랐습니다. 여러분은 여러분 속에 있는 가능성에 전율하였습니다... 위글스워스가 그랬듯이 여러분들도 하나님으로 가득 차서 살 수 있습니다. 여러분들은 이 세상의 마지막 시대에 하나님의 군대가 되어 불꽃같은 삶을 살아갈 수 있습니다.

이제 이 책을 통해 어떻게 위글스워스가 자신의 삶의 푯대에 도달할 수 있게 되었는지에 대해 더 깊이 있게 알아봅시다!

피터 제이 매든(PETER J. MADDEN)

제 1 부

# 겉옷 물려주기
## Passing the Mantle

예수의 증언은 예언의 영이라(계 19:10)
The testimony of Jesus is the spirit of prophecy.

## 겉옷 물려주기

> 자기만 있는 것은 하나님은 전혀 없는 것이고,
> 자기가 조금 있는 것은 하나님이 조금 있는 것이고,
> 자기가 전혀 없는 것은 하나님만 있는 것이다.[5]

때는 1947년 어느 이른 봄날이었습니다. 스미스 위글스워스는 영국 북부의 요크셔 지방의 브래드포드라는 곳에 있는 돌로 만들어진 자신의 작은 오두막집에서 알버트 히버트(Albert Hibbert)라는 젊은 친구와 함께 식탁에 앉아 있었습니다. 이 두 사람은 이 때 하나님에 관한 것에 대해 대화를 나누고 있었는데, 위글스워스는 눈물을 글썽이며 그 친구에게 성령이 하시는 일에 동참하라고 하였습니다. 이렇듯, 위글스워스는 자신이 입고 있는(능력의) 겉옷을 다른 사람들에게 물려주는 데에 큰 열망을 갖고 있었고, 사람들이 하나님을 위하여 큰일들을 하는 것을 보는 것이 소원이었으며, 그리스도인들이 세상으로 나아가 사람들을 그리스도에게 데려 오는 것을 목격하고 싶은 열망이 가득하였습니다.

"당신은 언제 그간 한 번도 경험해보지 못했던 하나님이 만져주시는 새로운 영역으로 나아가 하나님만을 위해 살아가시렵니까?"라고 위글스워스가 그 친구에게 물었습니다.6)

위글스워스의 삶은 온통 사람들을 그리스도에게로 인도하는 것으로 이루어졌습니다. 그는 영혼 구원하는 것에 모든 초점을 맞추고 살았습니다. 그의 가슴은 항상 잃어버린 영혼들에 대한 열정으로 불타고 있었고, 상처받은 사람들과 병자들에 대한 긍휼한 마음으로 가득 차 있었고, 삶의 방향을 잃고 죽어가고 있는 세상 사람들에게 예수의 향기를 나타내고 싶은 갈급함이 가득한 채 살았습니다.

그는 가능한 많은 사람들에게 그리스도로 충만한 삶에 대해 알려주고 싶어 하였고, 그리스도인들이 하나님의 새로운 영역 속으로 들어가게 되고, 성령님의 새로운 높은 곳으로 이르게 되고, 하나님의 영광이 가득한 곳에서 살게 되는 것을 갈망하며 살았습니다. 그는 세계 여러 곳들을 돌아다니며 사는 동안 하나님을 너무도 많이 경험하였기에, 그의 그러한 경험을 다른 사람들에게 전해주고 싶은 마음이 항상 가득하여 살 수 있었습니다.

그는 이제껏 많은 해 동안 전 세계 여러 곳을 여행하였고, 지금은 그가 평생 살아왔던 고향인 브래드포드로 다시 돌아와 지내고 있습니다. 그는 그와 같이 복음을 전하다가 이제는 천국으로 간 폴리와 오랫동안 그곳에서 같이 지냈었던 적이 있습니다. 폴리는 그가 진정으로 사랑하였던 그의 아내였습니다. 아주 오래전 그는 그녀가 자신은 이제 주님 곁으로 가야 된다고 말했을 때 심하게 통곡하였던 적이 있었습니다.

그리고 브래드포드라는 곳은 그가 그의 자녀들을 키웠던 곳이었고 주님의 일을 하기 위해 수년에 걸쳐 수백 명의 사람들을 극진히 섬겼던 곳이었습니다. 또한 그곳은 위글스워스 자신이 아주 오래 전에 어떤 의사로부터 사형 선고를 받았던 곳이기도 합니다. 그러나 그는 그 때 하나님의 치유하시는 능력을 경험하여 다시 건강하게 회복되었습니다. 위글스워스는 그 때의 체험을 통하여 하나님은 의술보다 크신 하나님이시라는 사실을 확실하게 알게 되었습니다.

그가 왕성하게 활동하던 시절은 지났습니다. 이제 그는 노인이 되었습니다. 그러나 그의 몸은 같은 나이의 노인들에 비하면 매우 건강하였습니다. 그가 노인이 되었을 때의 몸은 그가 평소에 외쳤던 대로, 즉 누구든지 성경대로 살기만 하면 하나님의 성령이 몸 안에 거하시기 때문에 건강한 몸을 유지할 수 있다는 사실을 몸소 증명해 줄 수 있었습니다.

> 예수를 죽은 자 가운데서 살리신 이의 영이 너희 안에 거하시면 그리스도 예수를 죽은 자 가운데서 살리신 이가 너희 안에 거하시는 그의 영으로 말미암아 너희 죽을 몸도 살리시리라 (롬 8:11)

"나는 늙었습니다. 이제 내 나이 벌써 85세입니다."라고 위글스워스가 히버트에게 말했습니다. "그러나 나는 그런 사실을 받아들이기 힘듭니다. 왜냐하면 나의 몸은 아직도 건강하기 때문입니다. 그러나 나의 출생증명서가 나의 나이가 85세라는 것을 증명해주기 때문에, 당신은 나의 나이에 대해 반론을 제기할 수 없을 것입니다. 내 아무리 정정해도 내가 그렇게 오래 살았다는 사실을 인정할 수밖에 없습니다."[7]

## 위글스워스가 내린 성공의 정의

스미스 위글스워스는 자신의 삶에 대해 후회하지 않는다고 사람들에게 말한 적이 있었습니다. 그러나 히버트와 식탁에 마주 앉아 있는 이 날 아침 세계 각처로부터 날아온 집회 요청 편지들에 대해 곰곰이 생각하여 보았을 때, 자신의 삶은 실패한 삶이었다는 사실을 깨닫게 되었습니다.

그래서 그는 히버트에게 "오늘 나는 호주와 인도와 실론과 미국에 와달라는 여러 초청장들을 우편물로 받았습니다. 사람들은 나만 바라보고 있어요."라고 고백하였습니다. 이런 일이 있고 나서 훗날에 히버트는 "이 말을 하였을 때 위글스워스는 마음이 깨어지는 듯 흐느꼈습니다. 그는 '오, 나는 불쌍한 사람이구나. 나는 어째 사람들이 나만을 쳐다보도록 하는 사역을 하였단 말인가. 나는 실패하였구나. 하나님은 자신의 영광을 인간들이 가지게 하도록 하시지 않았거늘! 하나님께서 사람들이 나에게 영광을 돌리지 않도록 나를 (천국으로) 데려가신다면 얼마나 좋을까!' 라며 혼자 중얼거렸답니다."[8] 라며 그 순간을 회상하는 말을 하였습니다.

그런 일이 있고 나서, 그 다음날은 토요일이었는데, 그날 위글스워스는 근처 교회에 있었던 장례식에서 갔습니다. 그는 그 장례식에서 말씀을 전하려고 기다리던 중에, 한 친구와 담소를 하고 있다가 조용히 숨을 거두었습니다. 그의 소원대로 하나님께서 정말로 그를 데리고 가신 것입니다. 그는 매우 건강한 상태에서 그 친구와 조용히 담소를 나누다가 갑자기 주님 곁으로 간 것입니다.

그가 죽기 전 35년간의 삶은 실로 성령님께서 그의 인간적인 모든 것을 태우시고 죽게 하심으로 점철된 삶이었습니다. 그랬기에 세상의 수많은 사람들이 그에게서 예수를 볼 수 있었던 것입니다. 바로 이 점이 그가 일으켰던 부흥과 그가 보여주었던 능력의 비밀입니다. 그의 가장 큰 열망은 사람들이 그를 보지 않고 그가 지니고 있는 "예수의 증거"(요 19:10)를 보길 원했던 것입니다. 하나님과 너무도 친밀한 관계를 유지했던 위글스워스에게 성공이란, 자신의 삶과 사역을 통해 사람들이 예수를 보게 되는 것이었습니다.

**위글스워스에게 성공은 그의 삶과 사역을 통해 사람들이 예수를 보게 되는 것이었습니다.**

반면에, 사람들이 예수를 보지 않고 그를 쳐다보는 것이 그에게는 실패한 삶 그 자체였습니다. 그는 "나는 여호와니... 나는 내 영광을 다른 자에게... 주지 아니하리라."(사 42:8)는 말씀의 의미를 누구보다 잘 알았던 사람입니다. 그런 그였기에 그는 그날 세계 각처로부터 와달라는 초청장을 받고 그렇게도 슬퍼했던 것입니다.

## "새 사람"으로 살아가기

위글스워스는 인간이 살아갈 수 있는 최고의 영광스런 삶을 발견한 후 그런 삶을 사람들에게 제시해 준 사람입니다. 그는 "새 사람"(엡 4:24)으로 온전히 살아갈 수 있음을 발견하였습니다. 이 새 사람은 다시 태어난 상태에서만 살아가는 사람을 말하며, 에베소서 3장 16절에서는 이를 "속 사람"이라고도 표현하고 있습니다.

독자들이 이러한 새 사람의 삶을 살아가도록 하는 것이 이 책의 목적이며, 이 책이 말하고 있는 예언적 메시지입니다. 위글스워스는 이러한 새 사람의 삶을 살아가는 것을 하룻밤 사이에 발견한 것이 아닙니다. 사람들로 하여금 새 사람으로 살아가도록 하는 것은 위글스워스의 오랜 기간에 걸친 소망이었고 거대한 열망이었습니다. 그는 그러한 삶을 보았고 추구하였으며 또한 그러한 삶을 사는 것을 놓고 기도하였습니다. 그리고 그는 하나님께서는 우리가 그분 안에서 온전하게 되어 새 사람의 삶을 살도록 해 주실 수 있는 분이시란 사실을 굳게 믿었습니다. 새 사람의 삶을 살라는 외침은 그가 평생 동안 가르친 것이며, 외친 예언적 메시지였습니다. 그러므로 귀 있는 자는 그의 예언적 메시지를 들어야 할 것입니다(요한계시록 2장 7절을 보십시오).

## 기록된 마지막 대화

스미스 위글스워스가 죽기 전에 하였던 기록으로 확인된 마지막 대화는 바로 그가 평생을 외쳐왔던 그의 예언적 메시지가 어떤 것이었는지를 확증해 주고 있습니다. 그는 사람들이 그를 통해 예수를 보기를 간절히 원했습니다. 그는 사람들이 그를 보지 않고 그를 통해 오직 그리스도만을 보게 되기를 원했습니다. 기록으로 남아있는 그가 죽기 전에 한 마지막 말에는 그를 통해 예수만 바라보라는 권면과 울부짖음이 가득 들어있습니다.

스미스 위글스워스가 죽기 일주일 전에 그는 알버트 히버트에게 도전을 주는 말을 하였습니다. 그의 그 말은 우리 모두에게 하나님의 더 큰 영역으로 나아가 살도록 촉구하는 다음과 같은 말이었습니다. 바로 이 말이 그의 기록된 마지막 말입니다: "당신은 언제 한 번도 경험해보지 못했던 하나님이 만져주시는 새로운 영역으로 나아가 하나님만을 위해 살아가시렵니까?"

## 세 가닥의 기본 줄: 십자가, 돌, 불

이기적이고 육적이고 세상적인 요소들이 제거됨으로 "새 사람"을 경험해 나가는 과정과 "예수의 증거"(계 19:10)를 갖게 되고 그분의 능력으로 옷 입게 되는 과정은 위글스워스에게는 놀라운 경험으로 가득 찬 신나는 인생의 여정이었습니다. 그러나 그 여정은 또한 불같은 시련을 당하기도 하고 돌로 침을 당하기도 하는 십자가 고난의 여정이기도 하였습니다. 그가 걸어간 인생의 여정을 우리도 걸어가도록 하나님은 우리를 부르고 계십니다.

첫 번째로, 이 여정은 십자가 죽음의 여정입니다.

내가 그리스도와 함께 십자가에 못 박혔나니 그런즉 이제는 내가 산 것이 아니요 오직 내 안에 그리스도께서 사신 것이라 이제 내가 육체 가운데 사는 것은 나를 사랑하사 나를 위하여 자기 몸을 버리신 하나님의 아들을 믿는 믿음 안에서 사는 것이라 (갈 2:20)

두 번째로, 이 여정은 모퉁이돌이신 예수 위에 넘어져 깨어지는 아픔을 겪게 되는 여정입니다.

예수께서 가라사대 너희가 성경에 건축자들의 버린 돌이 모퉁이의 머릿돌이 되었나니 이것은 주로 말미암아 된 것이요 우리 눈에 기이하도다 함을 읽어 본 일이 없느냐? ... 이 돌 위에 떨어지는 자는 깨어지겠고 이 돌이 사람 위에 떨어지면 저를 가루로 만들어 흩으리라 하시니 (마 21:42, 44)

세 번째로, 이 여정은 당신의 믿음을 시험하는 불같은 시련으로 인해 정화되어지는 여정입니다.

너희 믿음의 시련이 불로 연단하여도 없어질 금보다 더 귀하여 예수 그리스도의 나타나실 때에 칭찬과 영광과 존귀를 얻게 하려 함이라 (벧전 1:7)

제가 이 책을 통해 주로 나타내고자 하는 바는 십자가의 삶 (고전 1:18)이긴 하지만, 깨어짐과 믿음의 시련으로 인한 돌의 시련 및 불의 시련도 포함되어 있습니다. 왜냐하면, 이 세 가지는 세 겹으로 꼬아진 삼겹줄과 같아서 서로 연결되어 꼬아질 때에 절대로 끊어지지 않는 밧줄이 되기 때문입니다(전도서 4장 12절을 보십시오). 그리고 이 세 가지는 위글스워스의 가르침에 끊임없이 등장합니다.

## 교회를 향한 예언적 편지

저의 첫 저서 "위글스워스는 이렇게 했다"(The Wigglesworth Standard)의 서문의 처음을 보면 다음과 같은 글이 나옵니다.

> 너희는 우리로 말미암아 나타난 그리스도의 편지니 이는 먹으로 쓴 것이 아니요 오직 살아 계신 하나님의 영으로 쓴 것이며 또 돌판에 쓴 것이 아니요 오직 육의 마음 판에 쓴 것이라 (고후 3:3)

스미스 위글스워스는 위의 성경 말씀에 입각한 진리를 평생 동안 전하였고, 자신이 전한 말씀 그대로의 삶을 살았습니다. 그는 정말로 살아있는 "그리스도께서 보내신 편지"였습니다. 독자 여러분들은 이 책을 통해 위대한 믿음의 사람이 스미스 위글스워스의 심정과 메시지를 접하게 될 것이며, 그가 경험한 놀라운 일들을 만나게 될 것입니다. 그리고 이를 통해 훌륭한 교훈들을 얻게 될 것입니다.

제가 스미스 위글스워스에 관한 사실들을 처음으로 들었을 때에 제 심령 속에 계신 성령님께서 "너는 스미스 위글스워스의 생애에 그가 한 간증들이 기록된 책들을 구해서, 그에 대해 공부하여라! 나는 이것을 통해 너에게 특별한 가르침을 줄 것이다."라고 말씀하셨습니다.9)

위글스워스의 삶은 교회에게 쓴 "살아있는 편지"라고 저는 생각합니다. 그의 삶과 가르침은 21세기의 교회에게 말하고 있는 살아있는 예언적 편지입니다. 한번은 성령님께서 저에게 위글스워스의 삶과 그가 증거한 것은 하나님께서 말세의 교회들에게 주시는 메시지라고 말씀하셨습니다. 이 예언적 메시지를 제대로 이해하려면 십자가와 돌과 불의 삼겹줄에 대한 확실한 이해가 선행되어야 합니다. 이것에 대한 이해는 신학적인 견해에 따라 교회마다 상이합니다. 이 책을 읽어나감으로 독자들은 이것에 대한 바른 이해가 점점 증가할 것입니다. 교회의 주된 신학적 관심사들 중의 하나이기도 한 이것에 관해 저는 지금 간략하게 언급하겠습니다.

휴거(the Rapture)에 관해 세계의 교회들이 여러 가지 견해들을 갖고 있습니다. 휴거란 교회가 그리스도와 함께 있기 위해 "하늘로 들려올라가는 것(catching away)"을 지칭합니다(데살로니가전서 4장 16-17절을 보십시오.) 우리는 이렇게 될 때에 이 세상에서 일어나는 일을 대 환란(The Great Tribulation)이라고 합니다(마태복음 24장 4-31절과 요한계시록 7장 13-14절에는 대 환란 때에 일어날 일에 대한 글이 있으니 참고하십시오). 어떤 사람들은 대 환란 전에 휴거가 있을 것이라고 믿는 반면에 다른 사람들은 대 환란 기간 동안에 휴거가 있을 것이라고 주장합니다. 그러나 다른 어떤 사람들은 대 환란 후에 휴거가 있을 것이라고 주장합니다. 그래서 이 세 가지를 각각 순서대로 전-환란설(pretribulation), 중-환란설(midtribulation), 후-환란설(posttribulation)이라고 칭합니다.

저는 이 책에서 단 한 가지만 이야기하는 것을 제외하고는, 환란설들에 대해 깊게 다루지는 않겠습니다. 그것은 다음과 같은 것입니다. 서로 다른 환란설들을 성경적으로, 숫자적으로, 유형학적으로 깊이 연구해본 결과, 이 세 가지 환란설들은 그리스도 안에서 십자가와 돌과 불의 삼겹줄 고난과 핍박의 삶이라는 공통분모들을 서로 공유하고 있음을 저는 알게 되었습니다. 이러한 저의 견해에 대해 이제 여러분들은 어째서 그러냐고 묻고 싶으실 것입니다.

대 환란에 관한 신학은 직위 신학(a Positional Base Theology)을 주장하는 사람들에 의해 옹호되고 있는 신학입니다. 이 직위 신학은 과거 삼십년간 교회에서 많이 가르친 교회의 중요한 주제 중의 하나였습니다. 직위 신학은 그리스도 안에서 교회의 지체들이 가지고 있는 지위와 권세를 강조하는 신학입니다. 그러나 이러한 신학을 강조하여 가르치는 성경 교사들 중 어떤 사람들은 성경의 다른 진리들과의 균형을 유지하지 못하고 직위 신학에 치우쳐 가르치는 우를 범하였습니다.

20세기의 가장 위대한 믿음의 사도로 추앙받는 스미스 위글스워스는 이러한 그리스도인의 직위에 관한 견해를 갖고 있으면서도 십자가와 돌과 불에 관한 성경적인 견해를 강조함으로 직위 신학과 절묘한 조화를 이루고 있습니다. 이는 그가 직위 신학을 받아들임과 동시에 그리스도인들이 십자가와 돌과 불의 시련을 통해 깨어짐으로 영이 깨끗하게 되어야 한다는 것을 강조하고 있기 때문입니다. (정말로, 우리의 삶의 환경들은 그리스도 안에서의 우리의 직위와 항상 일치하는 것은 아닙니다.)

제가 이제까지 들어온 훌륭한 예언 사역자들은 대부분의 경우 중-환란설이나 후-환란설을 주장하였다는 사실이 저에게는 매우 흥미롭게 여겨집니다. 예언자들은 하나님의 지시를 받아 교회의 상황에 대해 말해 주는 분들인 반면, 성경 교사들은 그리스도 안에서 교회의 직위에 대해 말해 주는 분들이기 때문에, 이러한 사실은 교회에 있어서 매우 중요한 의미가 있습니다.

후-환란설을 주장하는 사람들은 교회가 정화되어야 할 필요성을 강조합니다. 그들의 견해는 환란 시대를 통과함으로 교회의 육적인 요소들이 제거됨으로 교회가 정화되어야 한다고 생각합니다. 쉽게 설명하면 다음과 같습니다.

| 교 사 | 선 지 자 |
|---|---|
| 교회의 직위를 봄 | 교회의 상황을 봄 |
| 전-환란설을 지향함 | 후-환란설이나 중-환란설을 지향함 |

당신이 전-환란설, 중-환란설, 후-환란설 중 어느 견해를 선호하는 가에 상관없이, 그분께서는 교회에 대해 최고의 것을 주기 원하시기에 흠과 점이 없이 정결하게 된 신부된 교회(엡 5:27)를 위하여 다시 이 세상에 오실 것이라는 사실은 의심할 여지가 없습니다. 그렇다면 우리의 다음 질문은 오늘날처럼 세상의 것들로 가득 찬 교회를 그분께서 어떻게 깨끗하게 하실까 하는 문제입니다.

그분의 교회를 정결하게 하심은 불같은 시련이나 돌을 깨는 것과 같은 시련을 통해서나 아니면 십자가에 근거한 예언적 부흥으로 인한 하나님의 깊은 역사하심에 근거하여야만 합니다. 그래야 21세기 교회의 육적인 요소들이 없어집니다. 스미스 위글스워스는 교회의 상황과 직위 모두를 중시하였음을 우리는 잘 알고 있습니다. 저는 교회의 이러한 부흥은 스미스 위글스워스가 한 것과 같은 예언적 설교와 예언적 가르침에 의해 일어날 것이라고 믿습니다. 십자가의 메시지를 전함으로 이것이 능력이 되어 일어난 부흥은 돌과 불로 인한 극단적인 시련으로 인해 일어나는 부흥을 대체할 수 있는 유일한 방법입니다. 왜냐하면 그렇게 되는 것이 우리로 하여금 고난과 시련을 겪지 않고 우리 삶에 하나님의 부흥을 경험하게 되는 하나님의 방법이기 때문입니다. 우리 삶 속에

**십자가에 대한 예언적인 가르침을 믿음으로 받아들이는 사람에게는 부흥이 찾아옵니다.**

돌의 요소와 불의 요소가 항상 있는 것이 당연하겠지만, 그럼에도 불구하고 우리가 십자가의 깊은 역사하심을 삶에 받아들일 때 그러한 불과 돌의 시련이 우리 삶에서 상당부분 상쇄되게 됩니다.

일부 사람들은 우리가 정화되려면 반드시 고난을 겪어야만 한다고 주장합니다. 그러나 이러한 주장은 우리가 우리의 삶을 하나님께 의지적으로 포기하여 드렸을 때에 십자가의 능력이 우리를 속박된 상태에서 풀려나게 하여 우리를 자유하게 해 주었다는 성경적인 가르침을 평가 절하하는 주장입니다(이것에 관해서는 마태복음 16장 24절과 갈라디아서 6장 14절을 보십시오). 이와는 전혀 반대로, 고난은 하나님으로부터 온 것이 아니기 때문에 몇 가지 원칙만 지키고 산다면 고난을 피해 가는 삶을 살 수 있게 된다고 주장하는 사람들도 있습니다. 그러나 이러한 주장도 실상은 성경의 가르침과 다릅니다. 왜냐하면 성경에는 하나님께서 불과 돌의 시련으로 단련하신 후에 크게 사용한 많은 사람들의 이야기가 기록되어 있기 때문입니다(예를 들어, 창세기 32장 24-31절, 로마서 5장 3-5절, 로마서 8장 18절, 히브리서 5장 7-8절, 야고보서 5장 10절 및 13절을 보십시오). 우리가 공중에서 주를 다시 뵈올 때까지(데전 4:17) 하나님이 주시는 십자가와 돌과 불의 삼겹줄은 결코 우리를 떠나지 않습니다. 우리는 또한 하나님의 강력하고도 중요한 삼겹줄 중의 하나인 십자가의 줄로 우리를 부르시는 하나님의 부르심을 듣고, 그 부르심에 응답해야만 합니다! 저는 하나님이 마지막 시대에 일으키실 큰 부흥은 정결케하심의 부흥이라고 믿습니다. 그리고 그 부흥의 때가 오면 온전한 아가페의 사랑이 전 세계의 교회들에게 퍼져나가게 될 것입니다. 그리고 이러한 부흥의 핵심 메시지는 십자가가 될 것입니다. 자칫 범하기 쉬운 쉽고 편안하기만 한 삶에 대한 열망을 거절하여 자신을 부인하는 삶을 살려고 하는 사람들에게 십자가의 메시지는 그 능력을 발휘하여 다가가게 될 것입니다. 위글스워스가 전한 메시지는 믿음과 십자가가 잘 균형을 이룬 예언적 메시지였습니다. 그리고 이 책은 그의 예언적 메시지들이 어떠한 것들이었는지에 대해 잘 설명해주고 있습니다. 만일 여러분들이 이 책을 하나님 안에서 하나님의 더 큰 영역에 도달하고 싶은 열망을 가지고 읽는다면, 또한 위글스워스의 전 생애를 통해 흘러갔던 하나님의 강물로 인해 그가 나타내었던 능력을 알고 싶은 열망을 가지고 읽는다면, 여러분들은 반드시 그 열망을 이루게 될 것입니다.

## 위글스워스의 사역이
## 살아 움직이는 사역이었던 이유들

전 세계의 사람들이 스미스 위글스워스에 대해 그토록 열광했던 이유에는 여러 가지가 있겠지만 그 중에 가장 큰 이유는 그를 통해 나타났던 능력이었습니다. 그 능력으로 인해 사람들은 죄를 깨달았고, 아픈 사람들이 나았고, 하나님의 전능하심을 깨닫게 되었습니다. 그리고 위글스워스 자신은 자신을 통해 역사하였던 하나님의 능력으로 인해 앓던 병을 이기고 하나님이 주시는 건강을 유지할 수 있었습니다. 위글스워스에게 크나큰 관심을 나타내고 있는 목마른 영혼들이 물을 수 있는 대표적인 질문은 다음과 같은 질문일 것입니다.

1. 그가 보여준 대단한 능력과 기름부음은 무엇이었는가?
2. 어떻게 해야 우리도 그런 능력을 갖게 될 수 있는가?

그동안 많은 사람들이 위글스워스의 스타일을 그대로 따라함으로 능력을 나타내려고 하였지만, 모두 실패하였을 뿐입니다. 그리고 어떤 사람들은 수년간 그가 가졌던 능력을 달라고 하나님께 기도해보았지만 아무런 능력이 나타나지 않게 되자, 위글스워스에게 나타났던 놀라운 능력의 비밀은 하나님이 그에게만 그러한 능력을 주었다는 사실에 있다고 생각하게 되었습니다. 그러나 제가 오랜 기간 동안 위글스워스에 관해 연구해온 바에 의하면, 그의 능력의 비밀은 그만의 독특한 스타일이거나 하나님으로부터 특별한 능력을 선물로 받았기 때문이 아니라, 위글스워스 스스로가 오순절의 능력이 십자가의 고난과 접목될 때 대단한 능력이 나온다는 사실을 깊이 깨달은 것입니다.

그가 가진 기름부음의 비밀은 믿음과 깨어짐의 돌과 성령의 불에 있습니다. 그러나 그의 삶에 나타난 능력의 핵심적이고

도 가장 뛰어난 요소는 그가 십자가의 삶을 직접 살았다는데 있습니다. 이러한 십자가의 삶이라는 요소로 인해 그는 그의 육적인 요소를 제거하고 오직 하나님으로 인해서만 형성된 하나님과 친밀한 교제만을 누리는 새 사람의 삶을 살아감으로 능력이 나타날 수 있었던 것입니다.

이제 두 번째 질문으로 가봅시다. 어떻게 해야 그가 나타내었던 능력을 우리도 나타내며 살 수 있을까요? 이 질문에 대한 유일한 답은 다음과 같습니다. 그가 가졌던 믿음을 우리도 갖고, 그가 가졌던 그리스도의 성품에 관한 계시를 우리도 받아, 그리스도의 성품을 나타내는 삶을 위글스워스가 살았던 던 것처럼, 우리도 그분의 성품을 나타내며 살면 됩니다. 즉 그가 경험했던 성령 충만의 삶을 우리도 살면 위글스워스가 나타내었던 것과 동일한 능력이 나타나는 삶을 살 수 있습니다.

이 책의 첫 부분에 명시한 바 있는 위글스워스의 삶과 사역에 관한 놀라운 사건들은 그의 삶 가운데 나타난 능력의 크기가 얼마나 대단한지를 단적으로 말해주고 있습니다. 그 능력으로 인해 아픈 자들이 현저히 치유되었고, 그는 하나님이 주시는 건강한 몸을 지니고 살 수 있었고, 사람들은 자신이 죄인이라는 사실을 깨달을 수 있었고, 그의 옆에만 있어도 죄를 회개하기에 이르렀던 것입니다.

그러나 우리는 위글스워스의 사역을 능력의 관점에서만 보아서는 안 됩니다. 그의 삶은 "예수의 증거"(계 19:10) 그 자체였습니다. 위글스워스처럼 능력을 나타내며 산다는 것은 곧

"속사람"(엡 3:16)을 나타내며 사는 것을 의미합니다. 예수를 증거하는 삶이란 "새 사람"(엡 4:24)만 나타내는 삶입니다. 우리에게 하나님의 능력이 나타나는 삶을 살고 싶은 열망이 있다면, 위글스워스가 그랬듯이, 우리도 그리스도를 닮고 싶은 소원과 우리의 삶을 통해서 오직 예수 그리스도만 나타내고 싶은 소원을 동시에 갖고 살아가야 합니다. 그렇지 않으면 우리의 열망은 무위로 돌아갈 뿐입니다.

## "하나님께서 나에게 말씀하셨습니다."

스미스 위글스워스의 전 생애를 통해 가장 놀라운 일은 그가 영국에 있는 스토몬트(Stormont)의 집에 머무르고 있었을 때 일어난 다음과 같은 일입니다. 이 일은 놀라운 현상만을 좇아가는 사람들이 보기에는 기적적인 일도 아니고 대단해 보이는 일도 아닐 수 있습니다. 그러나 이 일은 위글스워스가 경험한 경험들 중에서 가장 의미있는 경험이었습니다.

위글스워스가 조지 스토몬트(George Stormont)에게 하나님께서 자신에게 말씀하셨다는 말을 했습니다.

예수님께서는 위글스워스에게 거의 매일 말씀하셨기 때문에 그가 스토몬트의 집에서 하나님의 음성을 들은 사건이 그 자신에게 별 영향을 미치지 않은 것처럼 보일 수도 있습니다. 그러나 이번 경험은 그에게 특별했습니다. 조지 스토몬트는 위글스워스의 이 경험에 대해 그의 저서 "위글스워스: 하나님과 함께 동행했던 사람"(Wigglesworth: A Man Who Walked with God)이라는 책에 다음과 같이 기록하였습니다.

> 위글스워스가 한 번은 우리 집에 머문 적이 있었는데, 그 때 그는 아침 일찍 저에게로 와서, "제가 침대에 누워있을 때 하나님께서 저에게 말씀하셨습니다."라고 말했습니다.
> 그래서 저는 "하나님이 뭐라고 말씀하셨는데요?"라고 물어보았습니다.
> "그분은 저에게 '위글스워스야, 나는 너에게서 예수만 남게 될 때까지 너를 다 태워버리겠다.' 라고 말씀하셨습니다."
> 이 말을 할 때 그는 계단 옆에 서 있었습니다. 이때 그의 두 팔은 하늘을 향해 있었고, 그의 뺨에서는 눈물이 흘러내리고 있었습니다. 그러면서 그는 "오, 하나님, 저에게 오셔서 제발 저를 그렇게 되게 해 주세요! 나는 사람들이 나를 볼 때 나를 보지 않고 내 속에 계신 예수님을 보게 되기를 원합니다!"라고 소리쳤습니다.[10]

이것이 바로 그가 평생 전한 메시지였고, 그의 부르짖음이었습니다. 그리고 이것이 바로 하나님께서 그를 통해서 하신 예언적 사역이었습니다. 하나님은 우리 모두가 이 죽어가는 세상을 향한 그리스도의 살아있는 편지가 되기 원하시며 우리 모두가 이와 같은 사역을 하기를 원하십니다. 위글스워스의 능력의 비밀은 바로 이것에 있었던 것입니다. 그리고 이것이 바로 부흥의 핵심입니다.

제 2 부

# 그리스도의 편지

너희는 우리로 말미암아 나타난 그리스도의 편지니 이는 먹으로 쓴 것이 아니요 오직 살아 계신 하나님의 영으로 한 것이며 또 돌판에 쓴 것이 아니요 오직 육의 마음판에 쓴 것이라 (고후 3:3)

# 그리스도의 편지

우리는 제 1부에서 스미스 위글스워스가 어떻게 해서 그리스도의 성품과 삶을 나타낸 그리스도의 편지의 삶을 살 수 있었는지에 대해 알아보았습니다. 살아있는 그리스도의 편지로서 살 수 있는 방법의 핵심은 육신을 죽이는 삶을 사는 것에 있습니다. 위글스워스는 십자가의 능력 안에서 살았기 때문에 그런 삶을 살 수 있었습니다. 이제 위글스워스 자신이 전한 "그리스도의 편지: 그분의 영광을 나타냄"이라는 제목의 설교를 통해 그리스도의 편지로서의 삶이란 무엇을 의미하는 것인지 알아봅시다. 이 설교 후에 저는 그의 가르침과 삶을 통해 우리가 배운 것들을 우리 각자의 삶에 어떻게 적용할 수 있는 지에 대해 말해보겠습니다.

\* \* \* \* \* \* \* \* \* \* \*

## 그리스도의 편지 : 그분의 영광을 나타냄
### 스미스 위글스워스의 설교[11]

저는 오늘 아침 여러분들이 고린도후서 3장 전체를 읽어보시기를 원합니다.

우리가 다시 자천하기를 시작하겠느냐? 우리가 어찌 어떤 사람처럼 천거서를 너희에게 부치거나 혹 너희에게 맡거나 할 필요가 있느냐? 너희가 우리의 편지라. 우리 마음에 썼고 뭇 사람이 알고 읽는 바라. 너희는 우리로 말미암아 나타난 그리스도의 편지니 이는 먹으로 쓴 것이 아니요 오직 살아 계신 하나님의 영으로 한 것이며 또 돌비에 쓴 것이 아니요 오직 육의 심비에 한 것이라. 우리가 그리스도로 말미암아 하나님을 향하여 이같은 확신이 있으니 우리가 무슨 일이든지 우리에게서 난 것같이 생각하여 스스로 만족할 것이 아니니 우리의 만족은 오직 하나님께로서 났느니라. 저가 또 우리로 새 언약의 일꾼 되기에 만족케 하셨으니 의문으로 하지 아니하고 오직 영으로 함이니 의문은 죽이는 것이요 영은 살리는 것임이니라. 돌에 써서 새긴 죽게 하는 의문의 직분도 영광이 있어 이스라엘 자손들이 모세의 얼굴의 없어질 영광을 인하여 그 얼굴을 주목하지 못하였거든 하물며 영의 직분이 더욱 영광이 있지 아니하겠느냐? 정죄의 직분도 영광이 있은즉 의의 직분은 영광이 더욱 넘치리라. 영광되었던 것이 더 큰 영광을 인하여 이에 영광될 것이 없으나 없어질 것도 영광으로 말미암았은즉 길이 있을 것은 더욱 영광 가운데 있느니라. 우리가 이같은 소망이 있으므로 담대히 말하노니 우리는 모세가 이스라엘 자손들로 장차 없어질 것의 결국을 주목치 못하게 하려고 수건을 그 얼굴에 쓴 것같이 아니하노라. 그러나 저희 마음이 완고하여 오늘까지라도 구약을 읽을 때에 그 수건이 오히려 벗어지지 아니하고 있으니 그 수건은 그리스도 안에서 없어질 것이라. 오늘까지 모세의 글을 읽을 때에 수건이 오히려 그 마음을 덮었도다. 그러나 언제든지 주께로 돌아가면 그 수건이 벗어지리라. 주는 영이시니 주의 영이 계신 곳에는 자유함이 있느니라. 우리가 다 수건을 벗은 얼굴로 거울을 보는 것같이 주의 영광을 보매 저와 같은 형상으로 화하여 영광으로 영광에 이르니 곧 주의 영으로 말미암음이니라 (고후 3장)

우리는 이 장에서 성령 안에서 하나님의 깊은 것들을 끄집어내어 높은 수준으로 이끌어올릴 것입니다. 저는 여러분들이 마음을 열고 성령의 인도하심에 민감하게 반응만 한다면, 하나님께서 여러분들에게 이러한 것들을 계시해 주시리라고 믿습니다.

그러나 여러분들이 성령께서 계시해 주시지 않으심에도 그 어떤 것들을 받을 수 있으리라고 기대하지는 마십시오. 왜냐하면 우리의 육신을 죽이지 아니하고서는 그 어떤 유익도 없기 때문입니다. 육신을 약화시켜야 하나님의 초자연적인 계획들이 계시됩니다.

오늘 이 아침에 만군의 주님이신 분께서 구원의 노래(시 34:7)로 우리를 둘러싸고 계시기에, 우리는 그분의 은혜의 영광을 새롭게 볼 수 있습니다. 하나님께서는 공교하게 지어낸 거짓 이야기들(벧후 1:16)로 우리를 이끄시는 것이 아닙니다. 오늘날 그분께서는 의심의 안개와 구름들을 물러가게 하심으로 우리로 하여금 하나님의 마음과 뜻을 확실히 알도록 하십니다.

만일 우리가 하나님이 우리를 위해 준비해 놓으신 최고의 것들을 갖고자 한다면, 우리는 영적인 사람들이 되어서 영의 귀가 열려 영적인 것을 이해할 수 있어야 합니다. 우리를 가리고 있는 "수건"이 벗겨져야만 합니다. 그래서 우리 가운데 임한 영광의 주님을 볼 수 있어야 합니다. 우리는 우리의 내면이 성령으로 가득 차 있지 않고서는 하나님께서 펼쳐주시는 신비들을 절대로 이해할 수 없다는 사실을 알고 있어야 합니다.

그리고 우리는 하나님께서는 절대로 우리를 과거로 회귀시키지 않으신다는 사실도 알고 있어야 합니다. 우리 앞에는 단지 새로운 계획, 새로운 계시와 새로운 승리만 있을 뿐입니다. 모든 육적인 요인들과 악한 세력들과 "하늘에 있는 악의 영들"(엡 6:12)은 그들의 권좌에서 쫓겨나야 합니다.

이제 너무도 아름답고 훌륭한 다음과 같은 말씀에 대해 생각해 봅시다.

> 너희는 우리의 편지라 우리 마음에 썼고 뭇 사람이 알고 읽는 바라 너희는 우리로 말미암아 나타난 그리스도의 편지니 이는 먹으로 쓴 것이 아니요 오직 살아 계신 하나님의 영으로 쓴 것이며 또 돌판에 쓴 것이 아니요 오직 육의 마음판에 쓴 것이라 (고후 3:2-3)

많은 하나님의 아들들이 나타나게 되었다는 것은 참으로 놀랍습니다. 하나님이 아들들이 나타나게 되면, 그 결과 우리는 그분의 영광을 볼 수 있게 됩니다. 우리는 우리의 옛 삶이 죽을 때 이를 통해 하나님의 목적이 우리의 삶과 사역을 통해 표현될 수가 있습니다. 사도 바울의 삶을 보면 그리고 그의 다음과 같은 표현을 보면 이러한 일들이 일어나는 것이 얼마든지 가능하다는 사실을 잘 알 수 있습니다.

내가 그리스도와 함께 십자가에 못 박혔나니 그런즉 이제는 내가 사는 것이 아니요 오직 내 안에 그리스도께서 사신 것이라 이제 내가 육체 가운데 사는 것은 나를 사랑하사 나를 위하여 자기 자신을 버리신 하나님의 아들을 믿는 믿음 안에서 사는 것이라 (갈 2:20)

사랑하는 여러분들이여, 하나님께서는 우리가 그분 앞에 거하면서 하나님의 살아있는 말씀을 따라 살지 않고서는 절대로 온전한 삶을 살 수 없다는 사실을 깨닫게 되기를 원하십니다. 예수 그리스도는 사람의 눈으로 볼 수 있는 하나님입니다(히 1:3). 그분의 말씀이 우리 속에서 역사할 때 그리스도와 우리가 서로 어떠한 관계에 있는 지가 이해됩니다.

우리는 성경의 창세기로부터 시작해서 모세 으경을 거쳐 성경 전체를 인용할 수 있을 정도로 성경 전체를 해박하게 알 수 있습니다. 그러나 만일 우리가 그 말씀들이 우리 속에서 살아서 역사하지 않으면 그 말씀들은 단지 죽어있는 글들에 불과합니다. 그러기에 성경은 인쇄된 글자는 죽이는 것이요 영은 살리는 것(고후 3:6)이라고 말합니다.

성령께서 우리를 통해 기도하시지 않으시면 우리는 올바로 기도할 수 없습니다. 성령님은 언제나 우리를 하나님의 마음으로 인도 해 주십니다. 그분은 우리를 대신해서 울어주시고 우리의 필요를 알게 해 주십니다. 그분이 말씀을 깨닫게 해 주시고, 우리의 마음과 생각과 영을 그 필요에 따라 하나님 앞으로 인도해 주십니다. 성령님은 또한 하나님의 뜻에 따라 기도하시는 분이십니다(로마서 8장 26-27절을 보십시오).

그 어떤 사람도 자신의 생각으로는 하나님의 깊은 것을 끄집어낼 수 없습니다. 이러한 점에 있어서 다음의 성경 구절은 진리를 옳게 분별할 수 있도록 해 주는 진리의 말씀입니다(디모데후서 2장 15절을 보십시오).

> 너희는 우리로 말미암아 나타난 그리스도의 편지니 이는 먹으로 쓴 것이 아니요 오직 살아 계신 하나님의 영으로 쓴 것이며 또 돌판에 쓴 것이 아니요 오직 육의 마음판에 쓴 것이라 (고후 3:3)

하나님의 도우심으로 여러분들이 이 말씀의 뜻을 잘 이해할 수 있게 되기를 바랍니다. 결국은 우리의 마음이 어떠한가가 모든 것을 결정하게 됩니다(마 12:34). 우리가 하나님과 함께 성령님의 생각 속으로 들어가게 되면, 하나님께서 우리의 마음을 황홀하게 해 주십니다. "돌판에 쓴 것이 아니요 오직 육의 마음판에 쓴 것이다"(고후 3:3)는 말은 우리의 내면의 삶과 관련된 말입니다.

저에게 열정을 가지고 (주님을) 사모하는 내면의 마음보다 더 달콤한 것은 없습니다. 볼 수 있는 눈을 가졌고, 들을 수 있는 귀를 가졌다고 하더라도 내면의 울부짖음이 없다면, 당신에게는 진정한 사랑과 열정이 없는 것입니다. 깊은 것이 깊은 것을 불러냅니다(시 42:7). 하나님이 우리 심령의 깊은 곳에 다다르시면, 그분께서는 우리 생각과 마음을 정결하게 해 주시고, 기쁨으로 우리를 채워주십니다.

모세가 하나님으로부터 십계명이 새겨진 돌판을 받았을 때에 하나님께서는 그의 얼굴이 거대한 기쁨으로 빛나도록 하셨습니다(출 34:29). 그러나 우리의 마음판에 새겨진 하나님의 계명으로 인해 우리는 모세보다 더 큰 기쁨을 우리의 심령 속에 소유할 수 있습니다. 그 기쁨은 우리를 영원히 하나님께로 가까이 하게 함으로 솟아나는 내면의 기쁨입니다. 오, 사랑하는 형제들이여, 성령 하나님께서 오늘 우리 안에 역사하셔서 그리스도의 영광의 크기가 얼마나 대단한 것인지를 우리가 깨닫게 될 수 있다면 참 좋겠습니다.

> 우리가 그리스도로 말미암아 하나님을 향하여 이같은 확신이 있으니 우리가 무슨 일이든지 우리에게서 난 것 같이 스스로 만족할 것이 아니니 우리의 만족은 오직 하나님께로부터 나느니라 (고후 3:4-5)

아, 얼마나 사랑스러운 말씀인지요! 이 말씀들은 그냥 지나치기에는 너무도 깊은 의미를 지니고 있는 말씀들입니다. 이 말씀은 하나님에 대한 찬미의 극치여서 인간의 찬사와는 차이가 납니다. 우리는 우리 자신을 신뢰하는 것에서 멀리 벗어난 곳에 이를 수 있어야 합니다.

사랑하는 여러분들이여, 자기 확신은 실패를 양산합니다. 인간에게서는 참 안식을 찾을 수 없습니다. 우리의 신뢰는 하나님에게만 있습니다. 그분만이 우리에게 승리를 가져다 주십니다. 우리가 사람들을 신뢰하지 않게 될 때 우리는 비로소 전능하신 하나님의 권세 안에서 온전한 안식을 누릴 수 있게 됩니다.

그분께서는 우리와 항상 함께 계시겠다고 약속하셨습니다 (히 13:5). 그분은 우리의 길을 곧게 해 주시겠다고 약속하셨으며(사 42:16), 모든 산들에 길이 나게 해 주시겠다고 약속하셨습니다(사 49:11). 우리는 절대로 실패할 수 없는 그분에게만 눈을 고정시켜야 합니다. 그분은 처음과 마지막을 아시는 분이십니다. 하나님의 뜻 안에서 온전히 안식하는 자에게는 밤이나 낮이나 별 차이가 없습니다. 왜냐하면 그런 자는 "하나님을 사랑하는 자 곧 그 뜻대로 부르심을 입은 자들에게는 모든 것이 합력하여 선을 이룬다"(롬 8:28)는 사실을 잘 알고 있기 때문입니다.

> 저가 또 우리로 새 언약의 일꾼 되기에 만족케 하셨으니 의문으로 하지 아니하고 오직 영으로 함이니 의문은 죽이는 것이요 영은 살리는 것임이니라. 돌에 써서 새긴 죽게 하는 의문의 직분도 영광이 있어 이스라엘 자손들이 모세의 얼굴의 없어질 영광을 인하여 그 얼굴을 주목하지 못하였거든 하물며 영의 직분이 더욱 영광이 있지 아니하겠느냐? 정죄의 직분도 영광이 있은즉 의의 직분은 영광이 더욱 넘치리라 (고후 3:6-9)

우리가 하나님의 삶을 살지 않고, 하나님의 생각과 하나님의 성령과 하나님의 계시를 갖고 있지 않다면, 하나님의 거룩한 계획을 알 수 없기에, 그분의 계획의 깊은 곳으로 내려갈 수는 더욱 더 없습니다. 진리의 말씀은 순결하고 영적인 말씀이며 하나님으로부터 온 말씀입니다. 영적인 사람이란 영적인 음식을 먹지 않으면 살 수 없는 사람입니다.

하나님으로부터 온 살아있는 말씀만이 우리를 태우고 살립니다. 성령님께서 우리에게 말하게 하심을 따라 말을 할 때에 (사도행전 2장 4절을 보십시오.), 우리는 하나님의 말을 할 수 있게 됩니다. 그렇게 할 때 사람들은 우리가 하는 말로 하나님이 주시는 새로운 계시의 의미를 깨달을 수 있게 됩니다. 여러분들이 하나님의 말씀을 말할 때에 여러분의 삶은 열매를 맺게 되고, 마음은 흡족하게 되며, 주위의 사람들은 용기를 얻게 되고, 많은 사람들이 하나님의 더 많은 것들을 간절히 사모하게 됩니다.

요한복음에서 주 예수님께서는 "내가 너희에게 이르는 말이 스스로 하는 것이 아니라 아버지께서 내 안에 계셔 그의 일을 하시는 것이라"(요 14:10)고 말씀하셨습니다. 이 말씀으로 미루어 보아 예수님께서는 자신의 권세에 근거한 자기의 말을 하시지 않으셨음을 잘 알 수 있습니다. 우리가 성령의 세례를 받게 되면 성령 안에 잠기게 되고, 성령은 우리를 예수처럼 살고 싶은 강한 열정 안에 잠기게 해 주고 하나님을 향한 정결하고도 뜨거운 마음이 샘솟도록 해 줍니다. 그것은 마치 흘러내리는 기름과 같이 하나님이 원하시는 모양대로 만들어질 수 있도록 뜨거움에 녹아 내려 순수한 철과 같이 우리를 만들기 위함입니다.

성령이 주시는 신적 삶을 살 때에 우리는 비로소 자기의 삶을 사는 것을 중단하게 되고, 그 대신 하나님이 우리 속에서 역사하시는 삶을 살게 됩니다. 이 집회에서는 그 어떤 인간적인 생각도 효력을 발휘할 수 없습니다. 육적인 삶은 죽어야 합니다. 왜냐하면 성령으로 세례를 받은 영혼이 해야 할 것은 바로 육에 대해 죽는 것(롬 6:11)이기 때문입니다.

그러나 성령 안에서는 살아야 합니다. 우리는 때를 얻든 지 못 얻든 지간에(디모데후서 4장 2절을 보십시오.) 항상 주님이 사셨던 이상적인 삶을 사는 것에 열망을 품고 살아가야 합니다. 주 예수의 얼굴을 항상 바라보며 살아야 합니다. 옛 것은 이미 지나갔습니다.

> 영광되었던 것이 더 큰 영광을 인하여 이에 영광될 것이 없으나 없어질 것도 영광으로 말미암았은즉 길이 있을 것은 더욱 영광 가운데 있느니라 (고후 3:10-11)

옛 삶의 법을 버리면 버릴수록 그분의 계명이 우리의 마음 판에 더 확실하게 새겨집니다. 우리가 심령 깊이 그분을 향해 울부짖으면, 그분은 우리의 깊은 곳에 숨어있는 부정한 것들을 없애주시고 그분의 의로움을 우리에게 계시해 주십니다. 그렇게 해 주시는 하나님께서 우리 모두를 신적 삶의 깊은 곳으로 한 걸음씩 인도하여 주시기를 소원합니다.

\* \* \* \* \* \* \* \* \*

위글스워스의 설교들은 현재를 살아가는 우리에게 큰 의미를 던져줍니다. 이제 그의 설교들을 조심스럽게 들여다봄으로 그의 설교 안에서 우리의 삶에 적용할 수 있는 것들을 찾아보도록 하겠습니다. 그렇게 하기 위해 우리는 그의 설교 속에 나타난 핵심 요소들이 무엇인지 알아보도록 합시다.

## 핵심 #1
## 하늘서 직접 온 메시지

우리가 하나님의 삶을 살지 않고, 하나님의 생각과 하나님의 성령과 하나님의 계시를 갖고 있지 않다면, 하나님의 거룩한 계획을 알 수 없기에, 그분의 계획의 깊은 곳으로 내려갈 수는 더욱 더 없습니다. 진리의 말씀은 순결하고 영적인 말씀이고 하나님으로부터 온 말씀입니다. 영적인 사람이란 영적인 음식을 먹지 않으면 살 수 없는 사람입니다.
하나님으로부터 온 살아있는 말씀만이 우리를 태우고 살립니다. 성령님께서 우리에게 말하게 하심을 따라 말을 할 때에(사도행전 2장 4절을 보십시오.), 우리는 하나님의 말을 할 수 있게 됩니다. 그렇게 할 때 사람들은 우리가 하는 말로 하나님이 주시는 새로운 계시의 의미를 깨닫을 수 있게 됩니다. 여러분들이 하나님의 말씀을 말할 때에 여러분의 삶은 열매를 맺게 되고, 마음은 흡족하게 되며, 주위의 사람들은 용기를 얻게 되고, 많은 사람들이 하나님의 더 많은 것들을 간절히 사모하게 됩니다.
요한복음에서 주 예수님께서는 "내가 너희에게 이르는 말이 스스로 하는 것이 아니라 아버지께서 내 안에 계셔 그의 일을 하시는 것이라."(요 14:10)고 말씀하셨습니다. 이 말씀으로 미루어 보아 예수님께서는 자신의 권세에 근거한 자기의 말을 하시지 않으셨음을 잘 알 수 있습니다. 우리가 성령의 세례를 받게 되면 성령 안에 잠기게 되고, 성령은 우리를 예수처럼 살고 싶은 강한 열정 안에 잠기게 해 주고 하나님을 향한 정결하고도 뜨거운 마음이 샘솟도록 해 줍니다. 마치 흘러내리는 뜨거운 기름과 같이 하나님이 원하시는 모양대로 만들어질 수 있도록 뜨거움에 녹아내린 순수한 철과 같이 우리를 만들기 위함입니다.

성령이 주시는 신적 삶을 살 때에 우리는 비로소 자기의 삶을 사는 것을 중단하게 되고, 그 대신 하나님이 우리 속에서 역사하시는 삶을 살게 됩니다. 이 집회에서는 그 어떤 인간적인 생각도 효력을 발휘할 수 없습니다. 육적인 삶은 죽어야 합니다. 왜냐하면 성령으로 세례를 받은 영혼이 해야 할 것은 바로 육에 대해 죽는 것(롬 6:11)이기 때문입니다.

위글스워스의 설교는 여러 색깔의 실들로 수를 놓은 아름다운 그림과 같습니다. 그의 설교를 구성하고 있는 여러 색깔의 실들은 십자가에 대한 생각의 실, 우리가 자기의 삶을 살지 않고 하늘의 삶을 사는 실, 우리를 예수처럼 살게 하는 성령 세례의 실, 우리 속에 흐르는 하나님의 능력이라는 실, 천국의 메시지라는 실들로 구성되어 있습니다. 그러나 그가 생전에 전한 수많은 설교들 중에서 이 책에 실린 설교보다 아름답게 수놓아진 설교는 없습니다.

제가 아름답게 수놓아진 그림에 대해 말하고 있는 이유는 그의 설교를 가장 잘 표현하기 위함입니다. 수를 아름답게 놓기 위해서는 여러 색깔의 실들이 공교하게 잘 배치되어야 합니다. 수가 잘 짜인 옷은 매우 아름답습니다. 우리가 만일 위글스워스의 잘 짜인 수로 짜이고 예언의 영이 넘쳐나는 설교의 옷을 입고 살 수 있다면 그렇게 사는 것은 하나님의 영광의 옷을 입고 사는 것과 동일합니다. 그 이유는 "예수의 증거는 예언의 영"(계 19:10)이기 때문입니다. 역사를 통해서 보면 여러 명의 사람들이 이러한 옷을 입었음을 잘 알 수 있습니다. 이 옷은 부흥을 일으킨 인물들이 입었던 옷입니다. 이 옷은 또한 그리스도의 신부된 자들이 입었던 옷이며 예수와 함께 십자가에 못 박힌 그리스도의 군병들이 입었던 옷입니다.

스톡홀름의 거대한 오순절 교회의 목사였던 루이스 페쓰러스(Louis Pethrus)는 위글스워스의 설교를 듣는 사람들은 믿음이라는 주사를 맞은 것같이 되었노라고 회상한 적이 있습니다. "스미스 위글스워스를 추억하며(Smith Wigglesworth Remembered)"를 저술한 빌 핵킹(Bill Hacking)은 그의 설교에 관해 "그가 말한 한 문장은 마치 우리의 삶을 온통 바꾸어 놓을 한 편의 훌륭한 설교와 같았다."[12]고 하였습니다. 그가 하는 말들은 설교이

> 위글스워스의 설교를 듣는 사람들은 믿음이라는 주사를 맞은 것같이 되었습니다.

든 평상시이든 사람들의 삶을 바꾸어놓았던 것이 사실입니다. 위글스워스의 절친한 친구였으며 "스미스 위글스워스: 그의 능력의 비밀(Smith Wigglesworth: The Secret of His Power)"이라는 책을 저술한 바 있는 알버트 히버트(Albert Hibbert)는 위글스워스에 관해 다음과 같은 말을 하였습니다.

스미스 위글스워스와 개인적으로 만난 사람들은 누구나 그와 만난 후에는 전혀 다른 사람이 되었습니다. 그가 한 사람 한 사람의 영에게 끼친 영향은 가히 설명이 불가할 정도입니다. 누구든지 직접 그런 경험을 해보지 않고는 그것이 어떤 것인지 알 수 없었습니다.13)

부흥을 일으킨 사람들의 메시지가 그랬듯이, 스미스 위글스워스의 메시지는 강단에서든 아니든 상관없이 하늘에서 직접 내려온 사람들을 태우는 불과 같은 메시지였습니다. 그의 설교는 마치 하나님이 직접 하시는 설교같이 들렸습니다. 그는 설교할 때, 하나님이 말하라는 말만 하였습니다. 그러므로 그의 설교는 듣는 사람들에게 언제나 새로운 계시로 다가 갔습니다. 그랬기 때문에 그의 설교를 듣는 사람들은 그들의 우울했던 마음이 고양되는 경험을 하였고, 낙망했던 사람들은 그들의 마음이 용기를 얻게 되었습니다. 그러자 그의 설교를 들은 사람들은 그가 전하는 메시지를 더욱 더 많이 듣기를 원하여, 그 수가 점점 늘어나게 되었습니다.

그의 설교가 하늘로부터 직접 내려온 사람들을 태우는 살아 있는 설교라는 점은 역사를 통해 몇몇 사람들의 설교에서도 발견되었습니다. 이 몇몇 사람들은 기독교에 큰 부흥을 일으킨 위대한 사람들이었습니다. 이들은 그리스도와 십자가의 능력으로 인해 깊은 체험을 한 사람들이고 살아가는 동안 하늘과 땅, 즉 하나님과 사람들을 연결시키는 역할을 담당한 사람들입니다. 이 사람들은 인간의 능력을 초월하여 다른 영역으로 들어간 경험을 한 사람들입니다. 그들은 초자연의 장소로 들어갔고, 그들의 인간적인 능력 밖의 곳으로 들어가서 "속사람"(엡 3:16)의 능력을 체험한 사람들입니다.

그들은 또한 사람들이 진리를 몸소 체험할 수 있도록 해 준 사람들입니다. 에베소서 3장 19절에는, "그 넓이와 길이와 높이와 깊이가 어떠함을 깨달아 하나님의 모든 충만하신 것으로 너희에게 충만하게 하시기를 구하노라."라는 말이 있습니다. 여기서 나온 "깨달아"라는 표현을 헬라어 원어 성경은 "기노스코"(ginosko)라고 표현하고 있습니다. "기노스코"라는 말은 경험을 통해서 안다는 말입니다. 우리는 하나님의 것들을 머리의 지식(그노시스, gnosis)을 뛰어넘는 경험을 통해 알아야 합니다.

이제 저는 하늘로부터 메시지를 직접 받아서 설교함으로 사람들로 하여금 하나님과 그분의 진리를 직접 체험하도록 하였던, 그리고 역사적으로 주시할만한 부흥들을 일으켰던 몇몇 분들의 경우를 살펴보도록 하겠습니다.

## 사도 베드로

사람들은 베드로의 설교를 듣고 마음이 찔리는(cut to the heart) 경험을 하였습니다(행 2:37).

## 12세기의 아씨시의 프란시스(Francis of Assisi)

"그의 말은 사람들의 마음을 관통하는 불과 같았습니다."[14]

## 15세기의 사보나롤라(Savonarola)

사람들이 사보나롤라가 전하는 메시지를 들었을 때, 그들의 얼굴에는 공포가 가득했고, 눈에서는 눈물이 비 오듯 쏟아졌습니다. 그리고는 가슴을 치고 울부짖으며 하나님께 자비를 구하였습니다.

어느 유명한 학자는 이것에 대해 "사보나롤라가 하는 평범한 듯 보이는 말소리는 사람들에게는 최후 심판의 소리처럼 들렸습니다. 그의 골수 속으로 냉기가 관통하는 듯 하였습니다. 그의 설교를 듣고 있는 사람들의 머리카락이 쭈뼛쭈뼛 솟아올랐다."라고 말하였습니다. 어떤 사람은 "그의 설교는 사람들에게 너무도 큰 두려움과 경고를 주었기에, 사람들은 그의 설교를 듣고 나서 눈물을 흘리며 집으로 돌아가기 시작하였습니다… 이 때 사람들의 모습은 살았다기 보다는 오히려 죽은 것 같았다고 말하는 편이 나을 정도였습니다."라고 표현하기까지 하였습니다.15)

## 18세기의 조지 휫필드(George Whitefield)

휫필드가 21살 때에 한 그의 첫 번째 설교에 대해, 그 당시 그가 설교하였던 예배를 담당하였던 감독은, 무려 15명의 사람들이 그의 설교를 듣고 거의 "미칠 지경이 되었다.(driven mad)"16)고 표현하였습니다. 휫필드가 미국의 한 고아원에서 일 년 동안 사역한 후에 영

**위대한 부흥의 사람**
**휫필드는 하늘에서 금방 내려온 사람들의 심령을 태우는 설교를 하였습니다.**

국으로 다시 돌아왔을 때, 영국 교회는 그의 "천국으로부터 직접 받은 메시지"를 받아들이기를 거절하였습니다. 그러자 그는 광산에서 일을 마치고 돌아오는 광부들에게 다가가 설교하였습니다.[17] 이때 얼굴에 검은 석탄이 묻은 광부들이 그의 설교를 통해 하나님께서 자신들의 심령에 하시는 말씀을 듣고 많은 눈물을 흘렸습니다.[18]

그 후 얼마 지나지 않아 그는 그 광부들에게 설교하기 위해 다시 그들이 있는 곳으로 갔습니다. 그러나 그때 모인 사람들은 그전에 모였던 이백 명 정도가 아니라 무려 이천 명 정도였습니다. 그리고 그 후에는 금방 사천 명 정도가 모였습니다. 그러더니 이 숫자는 점점 늘어나 만 명, 만사천 명, 이만 명이 되더니 급기야는 삼만 명이 되었습니다. 어느 겨울 새벽 6시에는 매우 추운 날씨 임에도 불구하고 그의 설교를 듣기 위해 수천 명의 사람들이 모이기도 하였습니다. 그들은 눈 속에 서서라도 휫필드의 "심령을 태우는 살아있는 설교"[19]를 듣기 위해 그곳에 모였던 것입니다. 그의 설교에 관해 다음과 같은 기록들이 있습니다.

> 휫필드는 마치 한 사람 한 사람 모두에게 하나님이 직접 주시는 메시지를 전해주고자 온 사람처럼, 사람들을 한 사람 한 사람씩 쳐다보았습니다. 그리고는 "저는 여러분의 영혼에 관해 여러분에게 말씀드리고자 이곳에 왔습니다."라며 말을 하기 시작하였습니다.[20]

\* \* \* \* \* \* \* \* \* \*

그리스도의 편지

횟필드는 사자처럼 설교하였습니다. 그의 설교는 생명이었고 불이었습니다. 여러분들이 그의 설교를 좋아하든 싫어하든 여러분들은 그의 설교를 들어야 합니다. 그의 설교에는 사람들을 폭풍 속으로 몰아넣는 거룩한 맹렬함(holy violence)이 있었습니다.21)

\* \* \* \* \* \* \* \* \* \*

나는 당신의 머리를 깨어버리기 위해 호주머니에 돌들을 가득집어 넣고 당신의 설교를 들으려고 당신이 인도하는 집회에 참석하였지요. 그러나 당신의 설교가 나를 점점 점령하기 시작하였답니다. 하나님께서 나의 마음을 깨어버리신 것입니다.22)

그의 설교를 들은 많은 사람들에게 그의 메시지는 하늘에서 직접 내려온 사람들의 심령을 뜨겁게 만드는 살아있는 메시지였습니다. 그러기에 횟필드는 "나는 내 이름으로 오지 않았습니다. 나는 만군의 주의 이름으로 왔습니다. 그러므로 여러분들은 내가 전하는 메시지를 받아들여야 합니다."23)라고 설교하곤 하였습니다.

## 18세기의 조나단 에드워드(Jonathan Edwards)

에드워드가 전하는 "하나님의 진노하심의 손 안에 있는 죄인들"(Sinners in the Hands of an Angry God)이라는 제목의 설교를 듣자 "사람들은 지옥이 자신들을 삼키지 못하게 하기 위해 크게 소리를 질렀고, 어떤 사람들은 자신들이 앉아 있는 장의자나 교회의 기둥을 손톱으로 긁었습니다.[24]

## 길버트 테난트(Gibert Tennant): 조나단 에드워드의 협력자

테난트의 사역에 관해 다음과 같은 기록이 있습니다.

그의 설교를 듣고 있던 사람들의 얼굴 모양이 일그러지기 시작하였습니다. 설교를 통해 떠오르게 된 생각으로 인해 그렇게 된 것입니다. 그들의 허리는 풀려서 늘어졌고, 양쪽 무릎은 떨면서 서로 부딪혔습니다. 많은 사람들이 영혼의 고통을 느껴 큰 소리로 울부짖었습니다. 몇몇 건장한 사람들은 대포에서 발사된 포탄 알이 마치 자신의 심장을 관통하는 것과 같은 느낌을 느꼈습니다.[25]

## 18세기의 찰스 피니(Charles Finney)

그가 입을 열자 포문이 열렸습니다. 그가 메시지를 전하기 시작하자 영혼을 향한 폭격이 시작되었습니다.[26]

지금까지 제가 거론한 사람들은 위대한 부흥사들입니다. 이들 모두는 성령 안에서 신적인 삶을 사는 비밀을 발견한 사람들입니다. 즉 그들은 육적인 삶에 대해 죽는 삶을 살았던 사람들이고 하늘로부터 사람들의 마음을 태우는 살아있는 예언적 말씀들을 직접 받아서 전한 사람들입니다. 하나님께서는 오늘날도 그들과 같이 하나님의 말씀을 전할 사람들을 찾고 계십니다.

## 핵심 #2
# 깊은 것이 깊은 것을 부름

하나님의 도우심으로 여러분들이 이 말씀의 뜻을 잘 이해할 수 있게 되기를 바랍니다. 결국은 우리의 마음이 어떠한가가 모든 것을 결정하게 됩니다(마 12:34). 우리가 하나님과 함께 성령님의 생각 속으로 들어가게 되면, 하나님께서 우리의 마음을 황홀하게 해 주십니다. "돌판에 쓴 것이 아니요 오직 육의 마음판에 썼다"(고후 3:3)는 말은 우리의 내면의 삶과 관련된 말입니다.

저에게 열정을 가지고 (주님을) 사모하는 내면의 마음보다 더 달콤한 것은 없습니다. 볼 수 있는 눈을 가졌고, 들을 수 있는 귀를 가졌다 하더라도 내면의 울부짖음이 없다면, 당신에게는 진정한 사랑과 열정이 없는 것입니다. 깊은 것이 깊은 것을 불러냅니다(시 42:7). 하나님이 우리 심령의 깊은 곳에 다다르시면, 그분께서는 우리 생각과 마음을 정결하게 해 주시고, 기쁨으로 우리를 채워주십니다.

위글스워스는 하나님의 가슴으로부터 나오는 사람들의 죄를 소멸하는 살아있는 말씀을 하나님의 열정과 하나님의 깊음을 갖고 전했습니다. 그가 그렇게 할 수 있었던 단 하나의 이유는 하나님께서 그의 마음을 사로잡았기 때문입니다. 위글스워스는 그러한 마음 상태에 있었기에 그러한 메시지들을 전할 수 있었던 것입니다.

> 무릇 지킬 만한 것보다 더욱 네 마음을 지키라 생명의 근원이 이에서 남이니라 (잠 4:23)

선한 사람은 마음의 쌓은 선에서 선을 내고 악한 자는 그 쌓은 악에서 악을 내나니 이는 마음의 가득한 것을 입으로 말함이니라 (눅 6:45)

주의 폭포 소리에 깊은 바다가 서로 부르며 주의 파도와 물결이 나를 엄몰하도소이다 (시 42:7)

## 하나님으로부터 온 메시지는 가슴으로 전해야 한다

하나님이 주시는 뜨거운 메시지가 먼저 우리의 가슴 속에 있지 않다면 우리가 어떻게 그런 메시지를 입으로 말할 수 있단 말입니까? 하나님께서 먼저 우리의 마음 속 깊은 곳을 만지시지 않고서야 우리가 어떻게 사람의 죄를 태워버리는 하나님의 살아있는 말씀을 전할 수 있단 말입니까? 깊은 것은 얕은 것을 불러내지 못합니다. 깊은 것은 깊은 것을 불러냅니다. 위글스워스는 "귀한 믿음"이라는 제목의 설교에서 다음과 같이 설교하였습니다.

누구든지 그 사람의 마음속에 품고 있는 정도 이상의 사람이 될 수가 없습니다. 겉만 매끄럽게 한다고 되는 것이 아닙니다. 실체를 소유해야 합니다. 우리는 하나님을 소유하고 있어야 합니다. 우리는 하나님의 임재 안으로 들어가서 그분과 대화를 나누어야 합니다.27)

저는 그리스도를 믿고 신앙의 초기 시절부터 기도하는 가운데 하나님의 부흥과 영혼들의 추수에 대한 소망이 생겨났습니다. 그래서 부흥과 영혼들의 추수에 대해 공부하였고, 이를 놓고 기도하여 왔었습니다. 위글스워스는 부흥과 영혼들의 추수에 대해 잘 이해하고 있었을 뿐 아니라 그 자신의 부흥을 경험하며 살았고 가는 곳마다 자신이 체험하고 있는 부흥을 풀어 놓았습니다. 그가 그렇게 할 수 있었던 것은 깊은 것이 깊은 것을 불러낸다는 원칙을 몸소 경험함으로 그의 내면 안에는 항상 부흥의 물이 흐르고 있었기 때문이었습니다. 그 결과 그에 의해 수많은 영혼들이 추수될 수 있었습니다.

저는 그 동안 하나님의 충만함을 열정적으로 추구하는 가운데, 부흥과 하나님의 운행하심에 대해 이해하려고 제 나름대로 열심히 노력하여 왔습니다. 저는 부흥과 부흥을 일으킨 인물들에 대해 공부하였습니다. 그 결과 하나님께서는 하나님의 마음을 품은 개인이나 무리들을 사용하셔서 그들로 하여금 부흥이 일어나게 하신다는 사실을 알게 되었습니다.

## 부흥과 추수의 차이

부흥과 추수는 다릅니다. 우리는 이 둘을 서로 잘 구별할 수 있어야 합니다. 이 둘의 차이점은 분명합니다. 추수는 세상에서 일어나는 것이고 부흥은 교회에서 일어나는 것입니다. 마지막 때에 일어날 대추수가 오기 전에 교회에 참된 부흥이 일어납니다.

이 세상의 사람들은 먼저 다시 태어나지 않고서는 하나님의

**하나님께서는 자기 백성들의 심령을 부흥을 일으키는 촉매로 사용하십니다.** 것들을 배울 수 없습니다. 하나님에 대해 아무 것도 모르는 세상 사람들에게 하나님의 것들을 가르치는 것은 아무런 효과가 없습니다. 왜냐하면 하나님의 것들은 그들에게는 낯설기만 할 뿐이기 때문입니다(고전 2:14). 세상 사람들은 단지 예수를 믿는 남녀노소들의 얼굴 표정을 보고 하나님에 대해 예측을 할 뿐입니다. 우리의 얼굴이 예수의 얼굴로 변할 때, 이 세상 사람들에게 보내는 예수님이 쓰신 살아있는 편지의 역할을 잘 담당할 수 있게 됩니다. 이러한 세상을 향한 그리스도의 대화법은 요한계시록에서 "예언의 영"(또는 대언의 영, spirit of prophecy)이라는 말로 잘 표현되고 있습니다.

예수의 증거는 대언의 영이라 하더라 (계 19:10)

예수 그리스도의 성품, 사랑, 빛 그리고 능력을 잘 나타내는 그리스도인들로 인해 영혼들의 추수가 가능해집니다. 반면, 예수 그리스도를 증거하는 영을 품고 있는 그리스도인들로 인해 부흥이 도래합니다. 저는 하나님께서 저와 여러분을 부흥과 부흥에 관한 더 깊은 계시로 점점 깊이 인도하심으로 말미암아, 부흥에 대해 온전한 이해에 이르게 되기를 기도합니다.

## 부흥은 깨어진 심령으로부터 나온다

부흥에 대해 연구하면, 부흥이 어디서부터 시작되는 지에 대해 눈치챌 수 있습니다. 우리가 이제까지 알게 된 사실은, 부흥은 하나님의 칼에 의해 마음이 깊이 베어진 사람의 마음으로부터 나온다는 사실입니다. 성경은 이러한 사람의 마음에 대해 "마음에 할례를 받았다"(롬 2:29)고 표현하고 있습니다.

이러한 마음의 베임은 마치 푸줏간 주인이 칼을 잡고 소고기로부터 기름부분을 제거하는 것과 같은 베임입니다. 예수 그리스도의 십자가 사건이 마음을 베어내는 하나님의 칼에 해당합니다. 그 칼이 거듭난 사람의 세상적인 부분을 제거하고 그리스도와 함께 함으로 생명만을 내보내는 속사람의 부분만을 남겨두는 것입니다. 그러므로 이러한 베임은 깊은 베임이어야 합니다. 이 베임이 깊으면 깊을수록 베임을 당한 사람을 통해 더 강력한 부흥이 흘러나오게 됩니다.

주의 폭포 소리에 깊은 바다가 서로 부르며 (시 42:7)

큰 물줄기의 폭포수가 깊은 절벽 아래로 떨어질 때 굉장한 바람과 함께 물보라가 일게 됩니다. 이러한 광경은 지중해 연안 절벽들에서 흔히 보이는 광경입니다. 비가 오면 증가한 폭포수로 인해 땅들은 물을 공급받습니다. 부흥의 입장에서 보면, 폭포수는 하나님께서 그분의 백성들에게 부으시는 큰 물줄기에 해당합니다. 한 개인이 심령에 세상적인 것을 베어내는 하나님의 베임을 경험하게 되면, 신비한 하나님의 물줄기가 부어져 심령이 부흥되는 일이 일어나기 시작합니다. 그 결과 부흥을 경험한 사람의 부흥된 심령이 그 주위의 사람들의 심령에 전이되는 현상이 일어납니다. 이것은 바로 깊은 것이 깊은 것을 불러내는 것입니다. 깊이 있는 심령의 베어짐으로 인해 그리스도의 십자가가 이해되어지는 경험을 한 사람은 자신이 경험한 영적인 변화와 십자가에 대한 깊은 이해가 다른 사람에게도 일어나게 해 줍니다. 그 결과 심령이 베임을 당하는 경험(행 2:37)이 많은 사람들에게 전이되어 퍼져나가게 됩니다. 이런 경험을 한 사람은 자신이 죄인이라는 사실을 깨닫고는 두려움에 떨며 무릎을 꿇고 하나님께 자비를 구하게 됩니다. 그리스도의 십자가로 인해 일어나는 일련의 경험을 한 사람들은 극적으로 변화를 받아 새 사람으로 우뚝 서게 됩니다. 이러한 사람에게서는 주와 신랑이 되신 예수를 향한 찬미와 사랑이 한없이 흘러나오게 됩니다.

**산불이 이 나무에서 저 나무로 옮겨 붙듯이, 부흥의 불도 한 심령에서 다른 심령으로 옮겨 붙습니다.**

이렇게 한 사람의 심령 속에 있는 깊은 것이 다른 사람 속에 있는 깊은 것을 불러내는 것입니다. 마치 산에 난 불이 나무에서 나무로 번져가듯이, 부흥의 불이 한 심령에게서 다른 심령에게 번져가게 됩니다. 역사적으로 기록될 만한 큰 부흥들에 동참한 사람들은 대체적으로 먼저 다음과 같은 경험들을 하였습니다.

1. 자신이 죄인이라는 사실을 깊이 깨달음
2. 자신의 죄와 실패를 인식함
3. 하나님께 자비를 달라고 울부짖음
4. 십자가의 사건이 이해가 되어 마음이 저려옴

그런 후에 다음과 같은 경험들을 하였습니다.

5. 말할 수 없는 영광스러운 즐거움으로 기뻐함(벧전 1:8)
6. 완전한 자유를 경험함
7. 주 예수를 열렬히 사랑하고 찬미함

위에 열거한 여러 가지 것들이 부흥의 현장에 모인 사람들의 심령 속에 점점 더 많이 체험되어지게 됩니다.
저는 이러한 일들이 일어나기를 사모하여 왔습니다. 과거에 그러한 일들이 일어나게 해 주셨던 하나님께서는 지금 이 마지막 때에 그런 일이 다시 일어나게 해 주실 것으로 저는 굳게 믿고 있습니다. 위글스워스도 그의 메시지를 통해 이러한 것들에 대해 중점적으로 언급하였습니다. 그리스도의 십자가의 칼이 사람의 죄로 물든 마음을 얼마나 깊이 베어내느냐에 따라 부흥의 실체와 정도가 결정됩니다. 위글스워스는 인간의 모든 것이 마음으로부터 나온다는 사실을 알았고 또한 이러한 사실에 대해 사람들에게 가르쳤습니다.

위글스워스는 "불길들"(Flames of Fire)이라는 제목의 설교에서 다음과 같이 말하였습니다.

> 자기에 대해서 온전히 죽지만 하나님에 대해서라면 활력이 솟아나는 영혼에게 하나님의 영광이 부어집니다.
> 죽음에 관해서는 제가 할 말이 많이 있습니다. 하나님 안에서 깊이 죽을 때, 하나님은 자신의 생명과 영광을 깊은 곳에서부터 끄집어내십니다.[28]

위글스워스는 위의 설교에서 십자가의 의미를 깨달음으로 인해 마음이 깊게 베어지는 것에 대해 말하였습니다. 그는 십자가를 보았고, 십자가를 받아들였으며, 십자가가 그의 삶을 결정하는 요인이 되었고, 그의 능력의 비밀이 되었습니다. 그는 십자가의 개념을 단지 머릿속에 간직하고만 있거나 예수와 대화만을 나누는 선에서 끝난 것이 아니라, 실제로 십자가의 삶을 살았고 십자가의 원칙대로 행하였습니다.

우리는 지금까지 부흥과 부흥의 실체 및 필요성에 대해 살펴보았습니다. 또한 부흥이 일어나기 위해서는 교만과 이기심과 같은 육신적인 부분이 고기에서 기름부분을 도려내듯 도려내져야 한다는 사실을 알게 되었습니다. "주님, 우리가 어떻게 하여야 주님을 잘 섬길 수 있겠습니까?"라는 우리의 울부짖음에 대한 확실한 답은 우리의 육신이 죽는 것입니다(요 12:24). 십자가를 붙잡고 자신이 십자가에 못 박히는 것입니다(갈라디아서 2장 20절을 보십시오). 그래야 예언의 영인 예수의 증거(계 19:10)를 우리 몸에 가지게 되어, 우리가 부흥의 통로로 쓰임을 받을 수 있게 됩니다.

> **우리의 심령이 주님을 향해 "주님, 우리가 어떻게 하여야 주님을 잘 섬길 수 있겠습니까?"라고 울부짖습니다.**

하나님에 의해 강력하게 쓰임을 받았던 사람들의 삶을 조사해보면 볼수록 우리는 그들의 심령 속에 일어났던 깊은 변화가 그들로 하여금 이 땅에 부흥이 초래하게 하였다는 사실을 더 확실히 알게 됩니다. 우리는 그러한 것을 위글스워스에게서도 보았고, 구세군의 창시자인 윌리암 부쓰(William Booth)에게서도 보았고, 중국 내지 선교회(China Inland Mission)의 창시자인 허드슨 테일러(Hudson Taylor)에게서도 보았습니다. 그리고 복음 전도자이며 저술가인 동시에 감리교의 창시자인 요한 웨슬리(John Wesley)와 제 1차 대 각성 운동을 일으킨 복음 전도자 조지 휫필드(George Whitefield)에게서도 보았습니다. 그리고 믿음 치유자이며 선교사요, 목사인 잔 지 레이크(John G. Lake)와 복음 전도자 마리아 우드워쓰-에터(Maria Woodworth-Etter) 및 찰스 피니(Chales Finney)를 위시한 많은 사람들의 삶에서 보았습니다. 이 땅에 부흥을 일으킨 모든 사람들의 삶에서 우리는 다음과 같은 세 가지 요소들이 동일하게 있었음을 분명히 보았습니다. 그것은 바로 십자가와 돌과 불이라는 요소입니다.

어떤 부흥의 사람들은 그리스도의 십자가의 사건이 그들의 심령을 깊이 베므로 말미암아 변화를 경험하였습니다. 그러나 다른 부흥의 사람들은 돌과 불로 인해 심령의 크나큰 깨어짐을 경험하였습니다. 즉 삶의 변화로 인해 위기의 상황에 직면하게 된 어떤 사람들은 십자가에 대한 깨달음으로 인해 심령에 크나큰 변화가 온 반면에, 어떤 사람들은 전 삶을 뒤흔드는 위기를 통해 경험하게 되는 돌과 불의 시련으로 인해 심령에 큰 변화가 왔습니다. 그러므로 우리는 하나님이 주시는 심령의 큰 변화를 경험하려면 단지 두 가지를 통해서만 가능함을 알 수 있습니다. 그것은 마음이 칼로 베임을 당하여 찢어지는 경험(the incision)을 하든지, 아니면 마음이 돌로 침을 당하여 깨어지는 경험(the breaking)을 하는 것입니다.

성경은 이러한 하나님의 깊은 만지심에 대해 기록하고 있습니다. 그 한 경우가 아래에 기록된 히브리서 4장 12절에서 발견되는데, 이 구절은 하나님께서 우리 심령 가운데 어떻게 역사하는 지에 대해 잘 이해할 수 있도록 해 줍니다.

> 하나님의 말씀은 살았고 운동력이 있어 좌우에 날선 어떤 검보다도 예리하여 혼과 영과 및 관절과 골수를 찔러 쪼개기까지 하며 또 마음의 생각과 뜻을 감찰하나니…

뼈 속에 골수가 있듯이, 사람의 혼(soul) 안에 영(spirit)이 있습니다. 겨 안에 쌀 알갱이가 있듯이, 기드온의 항아리 안에 횃불이 있듯이(사사기 7장 12-25절을 보십시오.), 예수의 죽음을 예비하기 위해 가지고 온 옥합 속에 향유가 있듯이(마가복음 14장 3-9절을 보십시오.), "육에 속한 사람(natural man)"(고전 2:14) 속에 "속사람(inner man)"(엡 3:16)이 있습니다.

뼈 속에 있는 골수를 밖으로 꺼내기 위해서는 반드시 뼈를 자르든지 깨어야 합니다. 뼈를 광택이 날 때까지 닦는다고 골수가 뼈 밖으로 나오지는 않습니다. 뼈에 아름다운 색칠을 하여 더 이상 뼈로 보이지 않도록 한다고 해서 골수가 뼈 밖으로 나오는 것은 아닙니다. 뼈가 베어지고 부서져야 골수가 밖으로 나옵니다. 이와 마찬가지로, 자신의 삶에 그리스도의 십자가의 강한 역사하심으로 인해 위기를 경험한 사람의 심령이 시련과 고통을 통해 삶이 산산이 부서지는 것과 같은 위기의 경험을 할 때에야 비로소 기름부음의 골수가 영혼 밖으로 흘러나오게 되는 것입니다.

## 삶이 산산이 부서지는 위기를 경험함

제 1부에서 이미 언급한 바와 같이, 어떤 그리스도인들은 오직 시련과 고난을 통해서만 하나님의 능력이 나타난다고 가르치는 반면, 다른 그리스도인들은 이러한 가르침을 전혀 받아

들이지 않고 고통은 하나님이 주신 것이 아니라고 주장합니다. 우리가 부흥에 초점을 두고 부흥의 역사를 공부한 결과, 삶이 산산이 부서지는 위기를 경험할 때 하나님께서는 이를 통해 하나님의 부흥을 체험하도록 하신다는 사실을 알게 되었습니다. 그러나 삶이 산산이 부서지는 위기를 경험하는 사람들마다다 부흥을 경험하는 것은 아닙니다. 여기에, 하나님의 도우심으로 십자가의 역사가 깨달아져서 심령이 베어지는 체험을 하여야 합니다. 그러므로 고난을 통해 삶이 부서지는 경험과 십자가를 통해 마음이 베어지는 경험, 이 둘 다를 경험하여야 합니다. 그리고 이 둘은 모두 인간에게 일어나는 하나님의 역사입니다. 우리는 이 두 가지 모두를 바로 이해하고 삶에 올바로 적용할 수 있어야 합니다.

저는 한 인간이 자신의 삶이 산산이 부서지는 경험을 통해 어떻게 하나님의 부흥을 경험하게 되는 지에 대해 저의 친구의 경우를 보며 보다 잘 이해할 수 있게 되었습니다. 저의 친구는 병원에서 머리에 매우 큰 종양이 있다는 진단을 받았고, 이 종양으로 인해 얼굴이 죽은 사람의 얼굴처럼 변해가기 시작하였습니다. 그 친구는 이러한 경험을 하는 중에 하나님이 빛을 비추어 주심으로 자신이 살았던 삶 중에 어떤 부분이 자신 스스로가 산 삶이고 어떤 부분이 하나님에 의해 형성된 부분인지를 깨닫게 되었습니다. 그는 그러한 경험을 하는 중에 저에게 다음과 같이 말하였습니다.

이런 상황은 나의 삶의 우선순위가 바뀌게 만들었어. 나는 그 동안 성공을 성취하기 위해 달려왔어. 나의 사역을 키워 나가기 위해 일했지. 그러나 암이 생기고 그로 인해 죽음이 나에게 가까이 다가오자, 이 모든 노력들은 더 이상 의미가 없었어. 나는 가장 중요한 것들을 놓치고 살았다는 것을 깨달았어. 주님과 교제하는 것과 나의 소중한 아내와 자녀들과 함께 시간을 보내는 것이 얼마나 중요한 것인지를 알게 되었지… 이제 아메리칸 드림을 거의 이루었다고 생각하는 순간 이런 일을 겪게 된 거야. 좋은 집, 두 대의 자가용, 그리고 나의 성장하는 사역. 내가 이룬 이 모든 것들이 무용지물이 된 거야.29)

이 일이 있은 후에 나의 친구는 병원에 입원해 있는 동안 극적으로 암 덩어리가 없어지는 초자연적인 기적을 체험하게 되었습니다. 그러자 그의 새롭고도 감미로워진 설교로 인해 그가 목회하고 있는 교회는 새로운 힘이 붙기 시작하였습니다. 나의 친구였던 그는 죽음에 직면하게 되자 그리스도의 십자가라는 칼이 그의 육과 영을 분리하는 경험을 하게 되었고, 이러한 경험을 통해 그의 교회에는 부흥의 요인들이 나타나기 시작하였습니다. 그가 담임하고 있는 교회에서 드리는 예배에는 하나님의 감미로운 임재가 있고 그가 하는 설교에는 풍성함이 있다는 소문이 사람들에게 퍼져나가기 시작한 것입니다.

그의 기적적인 치유 경험에 대한 간증은 책으로도 출판되었고, 텔레비전에서 방송되기도 하였습니다. 이로 인해 많은 사람들이 믿음을 갖게 되었고, 많은 병자들이 용기를 갖게 되었습니다. 불신자들도 그가 체험한 기적이 하나님으로부터 온 것이라고 생각하게 되었습니다(특히 사도행전 2장 19절, 22절과 43절을 보십시오). 그의 이러한 체험이 저에게 특별한 의미를 주는 점은 그의 삶에서 세상적인 요소들이 칼로 베어져 없어짐으로 인해 그가 그리스도에게로 더욱 가까이 나아가게 되었다는 점입니다.

사람들 모두가 저의 친구가 경험했던 것과 같은 위기 상황을 경험하는 것은 아니기에, 저는 그 친구에게 달기 암과 같은 위기 상황을 경험하지 않고서도 그가 배운 것들을 배울 수 있는 방법이 있는지에 대해 물어보았습니다. 저의 질문에 대한 그의 대답을 경청하는 동안, 저는 그의 머리로브터 나오는 말이 아닌 그의 가슴으로부터 나오는 말을 통해 그가 경험한 교훈을 배울 수 있었습니다.

제가 제 친구가 가슴으로 하는 말로부터 그가 경험한 교훈을 배웠듯이, 스미스 위글스워스의 삶과 능력에 대해 공부하는 동안에도 저는 위글스워스의 가슴으로 가르치는 내용으로부터 귀한 것들을 배울 수 있었습니다. 우리가 하나님의 위대한 사람들에 대해 공부할 때에도 이 점은 동일하게 적용됩니다. 위대한 하나님의 사람들이 쓴 훌륭한 글이라고 하더라도 우리가 그 글들을 가슴으로 읽지 않으면 그 글들은 우리에게 아무 영향을 미치지 못합니다. 왜냐하면 마음으로부터 나오는 것들만이 사람들을 바꾸기 때문입니다.

바로 그러한 이유 때문에, 제가 캘리포니아 주에 있는 오래

된 선교사의 집인 "평화의 집"(the Home of Peace)에서 서른 일곱 편의 위글스워스의 설교가 기록된 노트들이 들어있는 종이 상자를 발견하였을 때에, 성령님께서 저의 마음에 "이것을 출판하는 것에만 관심을 두지 말고, 위글스워스의 심령 속에 어떤 일이 일어났기에 그가 그토록 위대한 사역을 남길 수 있었는지를 아는데 관심을 두어야한다"는 생각을 주셨습니다. 그래서 위글스워스의 경험을 통해 제가 배운 것들을 다른 사람들도 배우게 됨으로 다른 사람들에게 실제적인 유익을 끼칠 수 있도록 하기 위해, 저는 하나님께 기도하며 그분의 얼굴을 구하였습니다. 위글스워스도 머리의 가르침보다 가슴의 가르침이 더 중요하다는 사실을 잘 알고 있었기에 "사람은 결코 자신의 마음속에 담겨있는 것보다 더 나은 사람이 될 수 없습니다."라고 말하곤 하였던 것입니다.

**우리는 부흥을 일으켰던 분들이 가슴으로 하는 말을 들을 수 있어야 합니다.**

부흥을 주도한 사람들의 삶을 조사하여 보면 그들은 공통적으로 삶을 뒤흔들 정도의 위기들을 당하였음에도 그러한 삶의 위기들을 잘 극복하였다는 사실을 알 수 있고, 어떻게 그러한 위기들을 잘 극복하였는지도 알 수 있습니다. 위글스워스의 경우도 동일합니다. 위글스워스는 맹장염으로 인해 죽음과 같은 고통의 기간들을 통과하였습니다. 맹장염의 고통이 끝나자, 그는 사랑하는 아내를 잃는 아픔을 겪었습니다. 이 뿐 아니라, 그는 아내를 잃은 그 다음 해에 그의 아들 어니스트 (Ernest)를 잃는 고통도 당했습니다. 그는 이러한 극심한 어려운 가운데에 처해 있으면서도 자신을 하나님께 온전히 드렸고, 심지어 이 기간 동안 세계 곳곳을 다니며 수천수만의 사람들을 구원하고 치유하였습니다. 그의 삶은 십자가와 돌과 불로 점철된 삶이었습니다. 그러하기에 우리는 그의 삶 자체가 교회를 향해 쓰인 "살아있는 편지"임을 잘 알고 있습니다.

마리아 우드워쓰-에터(Maria Woodworth-Etter)도 동일한 삶을 뒤흔드는 어려움을 당하였습니다. 그녀는 여섯 명의 자녀들 가운데 다섯 명의 자녀가 열 살이 되기 전에 죽게 되는 아픔을 경험하였습니다. 그녀는 이와 같은 극심한 고통의 경험을 통하여 하나님께 엎드리게 되었고 이로 인해 천국의 실체에 대해 알게 되었습니다. 즉 그녀는 죽은 자녀들이 이 세상보다 훨씬 더 좋은 곳에 가 있다는 사실을 알게 되었습니다. 그녀의 이러한 천국이 실재한다는 체험으로 인해 삶에 힘이 솟아나게 되었고 깊은 것이 깊은 것을 불러내는 진리(시 42:7)에 관해 설교를 할 수 있게 되었으며, 사람들에게 천국의 실체를 알려줌으로 큰 영향력을 끼칠 수 있게 되었습니다. 그리고 그의 설교를 들은 사람들은 자신들이 전적으로 죄인임을 깨닫고 바닥에 쓰러지거나, 하나님의 능력에 의해 넘어지게 되었습니다. 그리고 어떤 사람들은 하나님 안에서 새 생명을 발견하게 되었습니다. 이런 일들이 있은 후에, 그녀의 삶과 사역에 치유의 기적은 매일 일어나는 일상적인 일에 불과하게 되었습니다. 이와 같은 고난의 체험들로 인해, 마리아 우드워쓰-에터는 수천수만의 사람들이 하나님의 왕국 안으로 들어오는 부흥에 귀한 촉매의 역할을 감당할 수 있었습니다.

이미 샘플 맥퍼슨(Aimee Semple Mcpherson)은 중국에서 선교하는 동안 남편을 잃었습니다. 그녀는 남편을 잃는 슬픔과 고통 가운데 본국으로 귀국한 후 모퉁이돌(마태복음 21장 42절과 44절을 보십시오.)이 되시는 분을 발견하였습니다. 그녀가 그런 분을 발견한 이유는 그 돌에 의해 마음이 깨어지는 체험을 하였기 때문입니다. 그 결과 그녀는 기독교에 거대한 부흥을 일으키는 촉매의 역할을 하였고 나중에는 포스퀘어 교회(교단)를 설립하였고 이 교회를 통해 시작된 하나님의 운동은 전 세계에 큰 영향을 미치게 되었습니다. 이 모든 일들이 일어나게 된 근간에는 이미 샘플 맥퍼슨이라는 여자가 예수라는 모퉁이돌에 의해 산산이 부서지는 경험을 하였기 때문이었습니다. 그녀의 고난을 통해 이룩한 것은 "한 알의 밀이 땅에 떨어져 죽지 아니하면 한 알 그대로 있고 죽으면 많은 열매를 맺는다"(요 12:14)는 말씀으로 잘 설명되어질 수 있습니다.

**사람들이 당신 안에 있는 "예수의 증거"들을 볼 수 있도록 하십시오.**

이 세상에는 인생에서 겪게 된 극심한 위기와 고통을 통해 십자가와 돌과 불을 발견하게 된 결과 하나님을 위해 위대한 일들을 이룬 사람들이 꽤 많이 있습니다. 저는 독자들로 하여금 하나님의 부흥의 능력이 삶을 통해 나타나도록 하기 위해 고난의 삶과 고통의 삶을 살라고 촉구할 목적으로 이 책을 집필하지는 않았습니다. 그러나 저는 하나님께 온힘을 다해 나아감으로, 그리스도의 십자가가 인간들에게 주는 충격과 계시를 받아들임으로, 우리가 그 전에는 결코 경험해보지 못했던 그분과의 친밀한 관계를 개발함으로, 여러분들도 하나님의 부흥을 이끌어내는 사람이 될 수 있다는 사실을 알려주려고 이 책을 집필하였습니다. 우리는 삶의 근간을 뒤흔드는 고통스러운 경험을 하지 않고서도 이러한 것들을 할 수 있습니다. 우리가 그분을 너무도 사랑하기에 우리가 처한 환경에 상관없이 하나님 그분만을 추구하고, 우리 자신을 그분에게 온전히 맡기고 살아가는 것이 가능합니다.

이 책을 읽으시는 독자 분들 중에서 삶을 뒤흔드는 어려운 상황에 처해 있는 사람들이 있을 줄로 생각합니다. 만일 당신이 그런 상황에 직면하고 있는 분이라면, 정말로 존재하는 하나님께서 당신의 심령에 역사하시기를 간절히 기도합니다. 그리고 또한 당신이 겪는 고통과 아픔을 통해 그리스도의 십자가를 받아들이고, 그 십자가가 당신 속에 있는 육적인 요소들을 베어내게 되기를 기도합니다. 또한 이로 인해 당신 속에 계신 그분이 당신을 통해 표현되고, 그 결과 다른 사람들이 "예수를 증거하는 것이 바로 예언의 영이다"(계 19:10)라는 사실을 알게 되기를 기도합니다.

## 마음의 위기

　우리는 지금까지 뼈가 으스러지는 것과 같은 고통스런 삶을 경험함으로 뼈 속에 있는 기름부음이라는 척수가 흘러나오게 됨으로 이 세상에 부흥을 일으켰던 몇 분들의 경우를 살펴보았습니다. 그러나 이런 분들 외에도, 하나님에게로 달려갈 때에 하나님께서 그 마음속에 깊이 역사하셔서 뼈가 부서지는 경험을 한 사람들도 있습니다. 그런 사람들은 비록 몸에 병이 나서 육체적으로 극심한 고통을 겪지 않았고, 가족이 세상을 떠남으로 슬픔을 경험하지 않았음에도 불구하고 마음이 깊이 베어지는 경험을 한 사람들입니다. 그런 사람들 중에서 몇몇 사람들은 고통스런 경험 없이도 삶이 전적으로 변하여 그 삶 자체가 살아 있는 그리스도의 편지(고후 3:3)였거나, 하나님의 편지였습니다. 이러한 사실들은 육체적 고통이나 가족으로 인한 위기 상황을 경험하지 않고서도, 단지 영적인 위기(spiritual crisis)만을 통해서 사람이 변화될 수 있다는 사실을 잘 나타내 줍니다. 영적인 위기를 다른 말로 표현하면 마음(heart, 심령)의 위기라고도 할 수 있습니다. 우리는 찰스 피니(Charles Finney)의 삶에서 이런 마음의 위기를 통해 극적으로 변화된 경우를 살펴볼 수 있습니다. 이러한 관점을 가지고, 윈키 프라트니(Winkie Pratney)의 저서 "부흥"(Revival)에 기록되어 있는 찰스 피니의 대화 내용을 살펴봅시다.

## 찰스 피니: 십자가와 능력

그 당시에 찰스 피니는 변호사가 되려고 공부하고 있었습니다. 그는 법률해석 분야에서 최고의 책이라고 할 수 있는 블랙스톤의 법률 해석서(Blackestone's Law Commentaries)를 읽으면서 그리스도인들은 항상 성경을 모든 민법과 도덕의 기준으로 삶고 있다는 사실을 알고는 충격을 받았습니다. 그래서 그는 성경 한 권을 구해 진지한 태도로 읽기 시작하였습니다.

\* \* \* \* \* \* \* \* \*

"내가 하나님을 신뢰했을 때, 그분의 영이 어두움을 뚫고 나에게로 와서 거짓 철학의 안개 속을 헤매듯 미궁 속을 헤매고 있는 나를 구해주었고, 나의 발이 진리의 바위 의에 설 수 있도록 해 주었습니다."(Finney의 저서 Systematic Theology의 서문 10페이지에 있는 글)

찰스 피니의 기독교로의 귀의는 마치 사도행전에 나와 있는 것과 흡사합니다. 그는 성령의 강한 역사와 성경에 대한 깊은 확신으로 인해 1821년 가을 10월의 어느 날 저녁 시간에 자신이 죄인이라는 것에 대한 확신이 생겼습니다. 그는 이때의 경험에 대해 "그 순간 나의 영혼의 구원의 문제가 해결되었습니다. 그러자 비로소 내가 하나님과 화평의 관계를 맺을 수 있게 되었습니다."(Finney의 자서전, 12페이지)라고 기술하였습니다.

그에게 이러한 확신이 생긴 지 이틀 동안, 그의 확신은 점점 깊어졌지만, 그는 하나님께 기도하거나 울지는 않았습니다. 그는 자신이 혼자 있는 상황에서 큰 소리로 울게 된다면, 그 어떤 큰 일이 자신에게 일어날 것 같다는 생각만 갖고 있었습니다. 화요일 저녁이 되자, 그는 소리치며 울지 않으면 마치 지옥에라도 떨어질 것 같다는 느낌을 받아서 어쩔 줄을 몰라 하기까지 했습니다. 그 다음 날, 그가 하루의 업무를 시작할 준비를 하고 있었을 때, 갑자기 그 어떤 "내면의 목소리"(inward voice)로 인해 몸을 꼼짝 할 수가 없어서 사무실 문 앞에 가만히 서 있기만 하였습니다. 그 내면의 소리는 그에게 "너는 무엇을 기다리고 있어? 너는 이미 너의 마음을 하나님께 드리기로 약속하지 않았니? 너는 지금 너 자신의 의를 이루려고 하고 있는 것은 아니니?"라고 물어보는 소리였습니다.

이제 예수를 믿지 않으면 안 될 모든 요소들이 그에게 주어졌습니다. 예수께서 십자가를 통해 자기 자신의 죄를 없애 주셨기 때문에, 그는 자신의 죄가 없어지고 의롭게 될 수 있다는 것에 대해 확실히 깨달을 수 있게 되었습니다. 내면의 목소리는 그에게 "너 오늘 그러한 사실을 받아들이지 않을래?"라고 말하는 것이었습니다. 그래서 피니는 "그래, 내가 오늘 그러한 사실을 받아들이겠어. 그렇지 않으면 내가 죽을 것 같아."라고 속으로 말하였습니다(Finney의 자서전, 15페이지).

## 죄에 대한 확신

피니는 자신이 갖고 있던 자만심이 드러나는 것이 두려웠기 때문에, 사람들이 그에게 도대체 무엇을 하고 있는 지 물어볼까봐 사람들을 피해 그가 가끔 걸었던 근처의 숲이 있는 언덕으로 혼자 걸어갔습니다. 그는 그곳에서 기도를 하기 위해 무릎을 꿇었다가 추위와 부스럭거리는 낙엽 소리로 인해 다시 일어나기를 수차례나 반복하였습니다. 어떤 사람들이 몰래 숨어서 자신이 하나님에게 기도하려고 하는 모습을 보고 있는 것 같은 생각이 그에게 들어왔습니다. 자신이 너무 섣부르게 하나님께 무릎을 꿇었다는 생각과 성령님을 슬프게 했다는 두 가지 생각이 동시에 일어나 거의 절망적인 상태가 되었을 때 그는 자신이 교만한 존재라는 사실을 갑자기 깨닫게 되었습니다. 이러한 경험에 대해 그는 나중에 다음과 같이 말하였습니다: "내가 사악한 존재라는 생각이 나를 휘감았습니다. 그리고 내가 하나님께 무릎을 꿇고 있는 것을 누군가가 보고 있다는 생각으로 인해 부끄러운 감정이 솟아올라 참을 수 없을 정도가 되었기에, 나는 큰 소리로 울부짖었습니다… 이 세상의 모든 사람들과 지옥의 모든 귀신들이 나를 둘러싼다고 할지라도 절대로 그 장소를 떠나지 않아야 겠다고 결심했습니다… 죄의 크기가 엄청나고 무한하다는 생각이 들었고 그 생각으로 인해 나는 하나님께 무릎을 꿇지 않을 수 없었습니다.(피니의 자서전, 17페이지)

바로 그 때 "너희는 내게 부르짖으며 와서 내게 기도하면 내가 너희를 들을 것이요 너희가 전심으로 나를 찾고 찾으면 나를 만나리라"(렘 29:12-13)는 성경 구절이 한 줄기의 빛처럼 그의 마음속으로 들어왔습니다. 이 성경 구절은 그가 한 번도 읽은 적이 없었던 성경 구절이었습니다. 이 구절은 하늘에서 그에게 내려온 계시로서 그의 생각 속에 그냥 들어온 것입니다. 이러한 한 순간의 경험이 그가 이제까지 살아왔던 경험에 기초한 인생을 모두 포기하게 만들었습니다. 이제 그는 거짓말을 하실 수 없는 하나님께서 그에게 직접 말씀하셨고 그는 그분의 음성을 들었다는 엄연한 사실을 현실로 받아들이지 않을 수 없었습니다. 마을로 재빨리 걸음을 옮기고 있는 동안, 그의 내면은 하나님이 주시는 평화로 가득 찼고 이 세상의 모든 자연들이 그분의 소리를 듣고 있는 것처럼 느꼈습니다. 이 때 그는 시간이 정오가 되었다는 사실을 비로소 깨달았습니다. 그는 시간이 가는 줄도 모르고 몇 시간 동안이나 있었던 것입니다.

## 하나님의 나타나심(A Divine Manifestation)

찰스 피니가 사무실로 돌아왔을 때 그의 상관인 저지 라이트(Judge Wright)는 점심 식사하러 가고 없었습니다. 그래서 그는 자신의 저음 바이올린을 꺼내 찬송가를 연주하면서, 멜로디에 맞추어 노래를 불렀습니다. "내가 이런 거룩한 노래들을 하기 시작하자마자 나는 울었습니다. 이때 나의 마음은 마치 액체처럼 녹아내리는 듯 하였습니다. 나는 감정이 점점 복받쳐 올라와서 더 이상 내가 하는 노래 소리를 들을 수가 없었습니다… 나는 눈물을 흘리지 않으려고 애썼지만 제대로 되지 않았습니다."(피니의 자서전, 20페이지)

그날 오후 내내, 그는 저지 라이트가 사무실을 옮기는 것을 도와주었는데, 그동안 그는 마음속으로 놀라울 만큼의 부드러움과 달콤함과 평화를 느꼈습니다. 일을 마치자, 그는 그의 상관에게 인사를 하고 헤어졌습니다. "나는 그를 문 앞까지 배웅하였습니다. 내가 문을 닫고 몸을 돌리는 순간 나의 마음은 물처럼 녹는 듯 하였습니다. 나의 모든 감정들이 솟아올라 밖으로 흘러나왔습니다. 그래서 '나는 나의 혼(soul)을 하나님께 부었습니다.'"(피니의 자서전, 21페이지) 그가 사무실 뒷방으로 가서 기도하자 그런 일이 일어난 것입니다.

"그 방 안에는 불도 없었고 빛도 없었습니다. 그러나 그 방이 빛으로 가득 찬 것처럼 느껴졌습니다. 내가 방문을 닫는 순간 나는 마치 주 예수 그리스도를 얼굴과 얼굴을 대하고 보는 것 같은 느낌을 받았습니다. 나는 그 당시 실제로 예수의 얼굴을 본 것이 아니었고, 그 후로 얼마간도 본 적이 없습니다. 그것은 전적으로 나의 마음 상태로부터 나온 것이었습니다. 그러나 그러한 경험은 마치 내가 실제로 어떤 사람을 보는 것과 같은 정도로 확실한 체험이었습니다. 그분은 아무 말씀도 하지 않고 나를 쳐다보셨는데, 이때 마치 내가 금광이라도 무너져 내릴 것같이 느껴졌습니다… 그분은 내 앞에 서 계셨고 나는 그 분의 발아래 꿇어 엎드려서 그분께 나의 혼을 부어드렸습니다. 그리고 이런 모든 과정들이 실제처럼 느껴졌습니다. 나는 어린아이처럼 큰 소리로 울었고, 숨 막힌 사람이 말하듯이 말하며 나의 모든 죄를 그분께 고백하였습니다. 이 때 나는 나의 떨어지는 눈물로 그분의 발을 적시고 있는 것같이 느꼈습니다. 그러나 이 때 내가 내 손으로 그분을 직접 만졌는지는 확실히 알 수 없습니다."(피니의 자서전, 21페이지)

## 성령으로 세례 받음

피니는 이런 상태를 꽤 오랫동안 유지하였습니다. 그러다가 그는 주님과의 대면을 끝내고 자신의 사무실이 있는 앞방으로 갔습니다. 그리고 다 타서 재만 남아있는 화롯가 옆에 있는 의자에 앉으려는 찰나에 강한 성령의 세례를 받았습니다. 이에 대해 그는 다음과 같은 말로 설명하였습니다: "나는 그렇게 될 것이라고는 전혀 예상하지 못하고 있었고, 나 자신을 위해 그런 것이 예비되어 있었다는 생각도 전혀 하지 못하고 있었습니다. 나는 이 세상 그 누구로부터도 그런 것에 대해 들은 적이 한 번도 없었습니다. 나에게 내려온 성령은 나의 몸과 혼을 통과하였습니다. 전기 같은 것이 파도가 부딪치듯이 나를 쳤습니다. 그 전기는 나의 몸을 통과하고 또 통과하였습니다. 그런 경험을 그런 식으로 밖에는 달리 표현할 방법이 없습니다. 그

것이 나에게는 마치 하나님의 직접 내쉬는 숨결 같았습니다. 다른 말로 하자면 마치 대형 선풍기가 나에게 바람을 내보내는 것 같았다고 말할 수 있습니다."

"나의 심령 안에 비추어진 놀라운 사랑은 말로서 설명하기는 부족할 뿐입니다. 나는 기쁨과 사랑으로 가득 차서 큰 소리로 울었습니다. 이를 어찌 설명해야 할지 잘 모르겠지만, 구체적으로 설명한다면 나의 뱃속에서부터 표현할 수 없는 것들이 솟구쳐 나오는 것 같았습니다. 이러한 솟구쳐 나오는 것들이 내가 울음으로 토해 낼 때까지 파도가 계속 치듯 계속 되었습니다. 그때 나는 속으로 '만일 이런 현상이 곧 끝나지 않는다면 내가 죽겠구나.' 라고 생각하였습니다. 그래서 속으로 하나님께 '하나님, 이제 나는 더 이상 참을 수가 없습니다.' 라고 소리를 질렀습니다. 그러나 그렇게 소리칠 때에 죽음에 대한 두려움이 나에게 있었던 것은 결코 아닙니다."(피니의 자서전, 22페이지)

나중에, 교회의 성가대원 한 명이 그가 그런 경험을 하고 있는 방의 방문을 노크하였습니다. 방안으로 들어온 그 사람은 피니가 큰 소리로 울고 있는 것을 발견하고는 아마도 피니가 병중에 있거나 갑자기 육체에 심한 고통을 느껴서 그러고 있다고 생각하였습니다. 말을 할 수 있게 되자, 피니는 그 사람에게 "나는 아픈 것이 아닙니다. 나는 지금 너무 행복해서 죽을 지경입니다."라고 말했습니다.

## 강력한 사역의 시작

그 다음 날 아침에 해가 다시 뜨자, 피니가 받았던 능력과 사랑의 세례가 그에게 다시 돌아왔습니다. 이 때 하나님께서 피니를 사역자로 부르신다는 확신이 들었습니다. 그날 피니를 만났던 사람들은 모두 자신이 죄인이라는 사실을 깨닫게 되었습니다. 그날 그가 처음 말을 걸었던 사람은 그의 상관인 저지였는데, 저지는 피니와 대화를 나누게 되자 자신이 죄인이라는 사실이 그냥 깨달아져서 피니의 얼굴을 쳐다볼 수 없을 정도까지 되었습니다. 그래서 저지는 자신이 죄인이라는 확신으로 사무실에서 나갔고, 며칠 후에 그 역시 피니가 구원을 받았던 숲 속에서 예수를 영접하였습니다.

그날 피니가 두 번째 만난 사람은 그를 찾아온 교회 집사로 그를 법정 변호사로 선택한 사람이었는데, 그 사람 역시 변화되었습니다. 젊은 변호사였던 피니는 그 사람을 만나자, "저는 주 예수 그리스도의 변호사로서 일해야 하기 때문에 당신이 부탁하신 건을 처리해 줄 수 없습니다."라고 말했습니다.(피니의 자서전, 26페이지)

그 다음에 그가 만난 사람은 기독교 양화점에서 일하는 보편주의자(universalist)였습니다. 그 사람은 피니와 토론을 벌이는 중에 자신이 틀렸음을 인정하고 바로 숲으로 나있는 울타리 쪽으로 가더니 예수를 영접하였습니다.

바로 그날 피니는 자신이 이제는 더 이상 법률가로서 일하지 않게 되리라는 사실을 잘 알았습니다. 그는 그날부터 기독교 역사상 유례를 거의 찾아볼 수 없을 정도의 불과 능력으로 가득 찬 인생의 여정을 살아가기 시작했습니다.30)

피니의 이야기는 교회에 부흥을 일으킨 사람들의 삶이 죄에 대한 확신, 세상과의 분리, "야곱의 씨름"(창세기 32장 24-30절), 십자가의 삶, 성령의 기름부음의 순서로 진행 되었다는 사실을 잘 보여주고 있습니다. "사망은 우리 안에서 역사하고 생명은 여러분들 안에서 역사합니다."(고후 4:12)란 말이 그들의 삶에 그대로 적용된 것입니다. 피니가 경험한 영광스러운 성령 세례와 그의 삶을 통해 나타난 믿기지 않을 만큼의 능력으로 인해 수많은 사람들이 그리스도에게로 돌아왔는데, 이렇게 된 것은 그가 십자가를 깊이 체험했기 때문입니다. 그는 그리스도의 십자가라는 칼에 의해 깊이 찔리고 베어지는 경험을 함으로 그의 육과 영이 분리되고, 옛것과 새것이 분리되는 체험을 하였기에 "나는 거의 죽을 정도로 행복합니다."라고까지 말할 수 있었던 것입니다.

피니는 (질병의 위기나 가족의 죽음 등으로 인한 상황의 위기가 아닌) 마음의 위기를 경험하였습니다. 그 위기는 그리스

> **피니는 기독교 역사상 그러한 유례를 거의 찾아볼 수 없을 정도의 불과 능력으로 가득 찬 인생을 살아가기 시작했습니다.**

도의 십자가로 인한 너무도 깊고 철저한 위기였습니다. 부흥을 일으킨 사람들의 대다수가 삶이 산산이 부서지는 불과 같은 시련과 바위와 같이 깨어지는 위기의 경험을 함으로 십자가의 깊은 의미를 깨달은 반면, 피니는 그러한 위기 상황을 경험하지 않고서도 십자가의 깊은 의미를 깨달았습니다. 피니는 외부 상황과 상관없이 마음(심령)이 깨어지는 경험을 한 것입니다.

피니는 불과 며칠 동안만 심령이 깊이 쪼개지는 경험을 하였습니다. 그러나 다른 부흥을 일으킨 사람들의 경우는 그들의 심령이 수술 받는 기간이 피니보다는 긴 편입니다. 그러나 과정은 동일하다고 저는 생각합니다.

## 조지 휫필드: "죽을 것인가 정복할 것인가?"

이제 두 번째 사례 연구로 제가 앞서 잠시 언급하였던 조지 휫필드의 개종에 관해 말해보겠습니다. 휫필드의 경우는 피니의 경우보다 서서히 심령이 갈라지는 경험을 하였습니다. 그럼에도 불구하고 그의 개종에 대해 공부하는 것은 우리에게 많은 유익을 줍니다. 슬프게도 휫필드를 연구하였던 학자들은 그가 그리스도를 위하여 그토록 큰 영향력을 행사할 수 있었던 것은 그가 가진 은사와 능력이 대단하기 때문이며, 그는 실로 "황금의 목소리"를 가진 사람이었고 그의 달변에는 힘이 있다고 주장하였습니다. 하나님에 의해 크게 쓰임을 받은 사람들을 연구할 때 인간적인 생각으로 연구를 하는 경우, 사람들은 거의 대부분의 경우 그가 가진 은사와 능력으로 인해 그러한 놀라운 결과를 가지고 왔다고 결론을 내립니다. 그러나 저는 휫필드가 하나님으로부터 상당할 정도의 특별한 능력과 은사를 받았다고 생각하지 않습니다. 저는 오히려 휫필드가 십자가에 자신을 확실하게 못 박은 사람이라고 생각합니다. 제가 실을 휫필드에 관한 다음의 글은 윈키 프라트니의 부흥(Winkie Pratney's book Revival)이란 책에서 발췌하였음을 밝힙니다:

조지 휫필드는 17살 때 옥스퍼드 대학에 입학하였습니다. 거기서 그는 자신이 살아갈 인생에 대해 다시 생각해보기 시작하였습니다.
그는 자신이 외롭다고 생각하였고 성령의 역사로 인해 자신이 죄인이라는 생각을 갖게 되었습니다. 그는 영적인 것들에 대해 매우 심각하게 생각하는 사람이 되었습니다. 1733년에 찰스 웨슬리(Charles Wesley)가 그를 옥스퍼드 학생들의 모임인 홀리 클럽(Holy Club)에 초대하였습니다. 이 모임은 영적인 제자 훈련을 위해 모인 모임이었습니다. 이 모임에서 사람들은 성경을 공부하고, 같이 기도하였습니다. 그러나 자연신론자(Deist)와 이성주의자(Rationalist) 학생들은 홀리 클럽에 대해 냉소와 조롱의 시선을 보냈습니다. 이 당시 홀리 클럽은 유명하지 않았고 복음을 전하지 않았으며 곧 다가올 부흥에 대해 그리 신경을 쓰지도 않았습니다. 웨슬리와 몇몇의 학생들은 그저 다른 학생들보다 좀 더 바르게 살고 싶어 그런 모임을 이끌어 나가고 있을 뿐이었습니다. 그래서 그때에는 그 모임이 참

석자들의 영적인 필요를 깊이 있게 채워주지 못하고 있었습니다. 이즈음 조지 휫필드는 핸리 스쿠갈(Henry Scougal)의 "영혼 속에 있는 하나님의 생명"(The Life of God in the Soul)이란 책을 읽었는데, 이 책은 그 자신이 기존에 믿고 있었던 것을 온통 뒤바꾸어 놓는 책이었고, 이 책을 통해 그는 경각심을 갖게 되었습니다. 이 책에 읽고 나서 휫필드는 다음과 같이 말했습니다:

"이 책을 통해, 하나님께서는 내가 반드시 다시 태어나야 하고 그렇지 않으면 결국 지옥에 떨어지게 된다는 사실을 보여주셨습니다! 교회에 다니고, 기도를 하고, 성례전에 참석해도 그리스도인이 아닐 수 있다는 사실을 알게 되었습니다… 나는 이 책을 태워 없앨 것인가, 읽기를 중지할 것인가, 아니면 계속 파고들 것인가를 결정하여야만 하였습니다. 나는 이 책을 끝까지 읽기로 결정하였습니다. 나는 이 책을 손에 들고 하늘과 땅의 하나님을 향해 '만일 내가 그리스도인이 아니라면, 만일 내가 진정한 의미의 그리스도인이 아니라면, 하나님, 예수 그리스도의 이름을 걸고, 기독교가 무엇인지를 알 수 있도록 해 주시고, 내가 죽어서 지옥에 가지 않는 삶을 살 수 있도록 해 주십시오.' 라고 말했습니다. 그 말을 마치자 나는 내 자신이 새로운 피조물이 되었다는 사실을 알게 되었습니다."(휫필드, 자서전, 52페이지)

### 두려움에 휩싸인 휫필드

휫필드는 새로운 피조물이 되는 경험을 하고나서 믿음의 행보를 시작한 것이 아니라 오히려 금욕주의의 길을 걷기 시작했습니다. 그는 누더기 옷을 입고, 더러운 신발을 신고, 가장 나쁜 음식을 먹었습니다. 이러한 삶에 대해 휫필드는 "나는 몇 날 몇 주간을 바닥에 꿇어 있으면서, 예수의 이름으로 명하노니 사탄은 나에게서 떠나라고 외쳤고, 나의 생각을 점령하고 있는 악한 생각들과 육적이고도 거만한 생각들을 이겨보려고 애를 썼습니다."(휫필드, 자서전, 52페이지)라고 하였습니다.

그런 식으로 그는 수년을 살았습니다. 그러는 동안 두려운 생각들이 그를 끊임없이 휘감았기 때문에 그는 공부를 제대로 할 수가 없을 정도가 되었습니다. 그리고 심지어는 홀리 클럽의 멤버들과의 관계가 그를 영적으로 전진하지 못하게 가로막는 주된 요인이라고 생각하였기에, 홀리 클럽에 몸담고 있는 친구들과의 우정의 관계마저도 지속할 수가 없게 되었습니다. 이런 일이 일어나기 이 년 전에 홀리 클럽의 멤버들 중의 한명이었던 윌리암 모간(William Morgan)은 정신이 이상해지더니 결국 죽고 마는 일이 있었습니다. 그런데 이제는 휫필드마저 "죽느냐 아니면 승리하느냐"를 놓고 윌리암 모간이 갔던 전철을 또 다시 밟는 듯 보였습니다. 금욕주의에 대해 열심당원이라 할 수 있는 휫필드의 거룩하게 살려는 인간적인 모든 노력이 수포로 돌아갈 즈음에 하나님께서 자신을 그에게 나타내셨습니다. 즉 그에게 복음적인 믿음이 들어감으로(두려움이 물러가고) 그가 그토록 얻으려고 애를 썼던 평화가 그에게 찾아오는 일이 일어난 것입니다. 이에 대해 그는, "오, 말로 형언할 수 없는 이 기쁨이여! 나를 누르고 있었던 죄의 중압감이 나를 떠날 때에 나에게는 크나 큰 기쁨과 영광이 찾아왔습니다. 하나님의 죄를 사하시는 사랑에 대한 확실한 믿음이 나의 영혼에 머물고 있습니다."라고 기록하였습니다.

## 영감 있는 설교

휫필드는 6월 27일 주일에 성 마리아 데 크립트(St. Mary de Crypt)교회에서 생애 첫 설교를 하였습니다. 그의 어머니와 친척들 그리고 주일 학교를 처음 세운 로버트 래이크스(Robert Raikes)를 위시한 약 300명의 사람들이 그의 설교를 듣기 위해 모였습니다. 그의 설교는 사람들을 매우 놀라게 만들었습니다. 그의 첫 설교에 대해 그 교회의 감독은 "그의 설교를 듣고 15명의 사람들이 거의 미칠 지경이 되었습니다."라고 말했습니다. 이 때 휫필드의 나이는 21살이었습니다. 온 세상을 놀라게 한 그의 설교 사역은 이렇게 시작되었습니다.[31]

무엇이 휫필드라는 청년의 마음을 사로잡았을까요? 그는 자신 속에 있는 불신의 요소들과 육적인 요소들을 없애기 위해 야곱이 씨름했던 것처럼 씨름한 결과 십자가의 칼로 심령이 베어지는 경험을 하게 되었습니다. 이러한 베임의 경험이 그로 하여금 세상의 많은 사람들이 만짐을 받도록 하는 원동력이 된 것입니다. 휫필드는 "죽느냐 아니면 승리하느냐"를 놓고 끝까지 씨름한 자신에 대해, "나는 하나님의 천사와 씨름한 야곱이 그랬던 것처럼, '당신이 나를 축복하지 않으면 나는 절대로 당신을 놓아주지 않겠다.'(창 32:26)는 심정으로 씨름하였습니다."라고 말했습니다. 십자가에 못 박힌 예수 그

**그의 사역으로 인해 많은 사람들이 만짐을 받았습니다.**

리스도만을 알고자 했던 것(고전 2:2)이 결국 많은 사람들을 어두움에서 불러낸 것입니다. 깊은 것이 깊은 것을 불러내는 일이 일어나게 된 것입니다. 휫필드는 하나님을 위하여 쏟아지는 폭포수(시 42:7)가 된 것입니다.

## 핵심 #3
## 육적인 것들이 죽음

그 어떤 사람도 자신의 생각으로는 하나님의 깊은 것을 끄집어낼 수 없습니다…
우리가 하나님의 삶을 살지 않고, 하나님의 생각과 하나님의 성령과 하나님의 계시를 갖고 있지 않다면, 하나님의 거룩한 계획을 알 수 없기에, 그분의 계획의 깊은 곳으로 내려갈 수는 더욱 더 없습니다.

### 하나님의 깊은 것들

하나님을 깊은 것들! 하나님의 깊은 것들을 아는 것이 여러분들이 간절하게 바라는 것입니까? 하나님에 대해 목마르고 배고파하는 분들만이 하나님의 것들로 채움 받을 수 있습니다(마 5:6). 위글스워스는 하나님의 속 깊숙이 있는 것들을 알아내고, 하나님의 계획이 무엇인지를 아는 것을 매우 좋아한 사람이었습니다. 위글스워스가 "하나님의 깊은 것"이라는 표현을 쓸 때 그는 표면적인 것을 말한 것이 아니라, 하나님의 길과 방법 그리고 보석과 같이 귀한 하나님 그분 자체를 아는 것을 말하였습니다.

> 곧 계시로 내게 비밀을 알게 하신 것은 내가 먼저 간단히 기록함과 같으니 그것을 읽으면 내가 그리스도의 비밀을 깨달은 것을 너희가 알 수 있으리라 (엡 3:3-4)

바울은 에베소서 3장에서 이 비밀을 "측량할 수 없는 그리스도의 풍성함"(8절)이라고 하였고, "영원부터 만물을 창조하신 하나님 속에 감추어졌던 비밀의 경륜"(9절)이라고 하였습니다. 그리고 비밀은 "이제 교회로 말미암아 하늘에서 정사와 권세들에게 하나님의 각종 지혜를 알게 하는"(10절) 비밀이라고 하였습니다. 또한 바울은 하나님께서 이 비밀을 밝히신 것은 "영원부터 우리 주 그리스도 예수 안에서 예정하신 뜻대로 하신 것이라"(11절)고 하였습니다.

**하나님의 깊은 것을 아는 것이 당신의 소망입니까?**

하나님은 우리를 사랑하시기 때문에 그리스도에 관한 신비하고도 놀라운 것들과 그분의 깊은 곳에 있는 지혜들을 우리에게 밝혀주시기를 원하십니다. 우리가 기도하는 가운데 그분을 구하면, 그분께서는 우리를 자신의 깊은 곳으로 인도하셔서 그리스도에 관한 신비한 것들을 알려주십니다.

위글스워스는 이러한 그리스도에 관한 비밀들을 놀라울 만큼 잘 알고 있었습니다. 그가 그럴 수 있었던 이유는 그가 기도하는 가운데 자신을 희생해 가면서까지 그분을 구하였고, 하나님을 더 알고 그분의 깊은 것을 알게 되는 데에 배고파하고 목말라했기 때문입니다.

이 책은 우유처럼 쉽게 마실 수 있는 책이 아니라 씹기 어려운 단단한 음식과 같은 책입니다(고린도전서 3장 2절을 보십시오). 어떤 분들에게는 이 책이 이해하기 힘든 책일 수도 있습니다. 만일 이 책에 실린 위글스워스가 전한 메시지를 통해 그가 알았던 귀한 계시들을 우리도 알게 해 달라고 진실하게 하나님께 간구하지 않는다면, 우리는 그가 이해한 것들을 절대로 이해할 수 없습니다. 위글스워스는 그러한 것들을 깊이 캐내어 귀하게 간직하였던 사람이었습니다.

> 형제들아 내가 신령한 자들을 대함과 같이 너희에게 말할 수 없어서 육신에 속한 자 곧 그리스도 안에서 어린아이들을 대함과 같이 하노라. 내가 너희를 젖으로 먹이고 밥으로 아니하였노니 이는 너희가 감당치 못하였음이거니와 지금도 못하리라. 너희가 아직도 육신에 속한 자로다 너희 가운데 시기와 분쟁이 있으니 어찌 육신에 속하여 사람을 따라 행함이 아니리요 (고전 3:1-3)

21세기의 새 아침이 밝아오려고 하는 이때에 서구의 교회들 안에 육적인 요소들이 가득하다는 사실이 우리를 슬프게 합니다. 바울이 교회 안에 시기와 분쟁이 있는 것을 지적하였는데, 그러한 시기와 분쟁이 오늘날의 교회 안에도 있는 것이 사실입니다.

우리가 만일 위글스워스가 말한 바와 같이 하나님의 삶을 살고, 하나님의 생각과 하나님의 성령과 하나님의 계시를 알게 되려면 우리에게서 육적인 요소들을 분리해 내고, 하나님만을 구해야만 합니다. 그래서 겉만 번지르르한 그리스도인의 삶에서 탈피하여야만 합니다.

## 에베소서 3장으로 기도하기

에베소서 3장의 앞부분에 있는 바와 같이 그리스도의 비밀을 아는 것은 귀한 보화를 갖는 것보다 더 값진 것입니다. 에베소서 3장 14-19절에 나와 있는 기도를 끊이지 않고 함으로 그리스도의 비밀을 알 수 있게 됩니다. 만일 여러분들이 그런 기도를 매일 한다면, 그전에는 볼 수 없었던 하나님의 깊은 것들을 보게 될 것입니다.

> 이러하므로 내가 하늘과 땅에 있는 각 족속에게 이름을 주신 아버지 앞에 무릎을 꿇고 비노니, 그 영광의 풍성함을 따라 그의 성령으로 말미암아 너희 속 사람을 능력으로 강건하게 하시오며 믿음으로 말미암아 그리스도께서 너희 마음에 계시게 하시옵고, 너희가 사랑 가운데서 뿌리가 박히고 터가 굳어져서 능히 모든 성도와 함께 지식에 넘치는 그리스도의 사랑을 알고, 그 너비와 길이와 높이와 깊이가 어떠함을 깨달아, 하나님의 모든 충만하신 것으로 너희에게 충만하게 하시기를 구하노라 (엡 3:14-19)

이러한 기도는 우리가 할 수 있는 가장 강력한 기도들 중의 하나이기 때문에, 이러한 기도를 할 때에 하나님께서는 우리를 그분의 매우 놀라운 계시 속으로 이끌어 주십니다. 이로 인해 우리들은 "지식에 넘치는 그리스도의 사랑"(18절)을 알게 됩니다. 그렇다면 우리

> 에베소서 3장의 기도를 하면 당신은 하나님의 깊은 것들을 알게 됩니다.

가 어떻게 하여야 지식에 넘치게 알게 됩니까? 제가 이미 앞에서도 설명 드렸던 바와 같이, "안다"(to know)는 것은 헬라어 원어로 기노스코(ginosko)이고, "지식"(knowledge)은 헬라어 원어로 그노시스(gnosis)입니다. 그런데 "지식에 넘치는 사랑을 알아"라는 에베소서의 표현에서 "지식"은 그느시스로 되어 있고 "알아"는 기노스코로 되어있습니다. 기노스코라는 말은 문자 그대로 해석하면 '알다, 느끼다, 묶인 것이 풀리다, 확실하다, 이해하다.' 등으로 해석될 수 있고, 실제적으로 해석하면, '경험함으로 안다.' 라는 뜻이 됩니다. 그러나 '그노시스'는 '지식, 과학' 이라는 뜻을 가지고 있습니다. 머릿속에 저장할 수 있는 지식, 즉 생각으로 가질 수 있는 정보나 데이터가 바로 그노시스입니다.

하나님은 우리가 기노스코하게 되기를, 즉 경험을 통해서 알게 되기를 원하십니다. 위글스워스도 하나님의 깊은 것을 경험을 통해 알라고 우리에게 촉구하였습니다. 하나님의 깊은 것은 요한계시록 2장 17절에 적혀 있는 "감추어져 있는 만나"요, 또한 "속사람"(엡 3:16)을 위한 양식입니다. 우리가 에베소

서 3장의 기도를 한다면 우리는 기도대로 강건하여 집니다. 오늘날의 그리스도인들이 능력 없이 살고 있는 이유는 에베소서 3장의 기도를 하지 않기 때문입니다.

> 이기는 사람에게는 내가 감추었던 만나를 주고 또 흰 돌을 줄 터인데 그 돌 위에 새 이름을 기록한 것이 있나니 받는 자밖에는 그 이름을 알 사람이 없느니라 (계 2:17)

여러분이 이 책을 읽는 동안 위글스워스가 기도했던 것처럼 하나님의 사랑을 경험을 통해 알게 되는 일이 일어나게 해 달라고 기도하십시오. "하나님의 너비와 길이와 높이와 깊이가 어떠함을 깨달아 하나님의 모든 충만하신 것으로 충만하게 되게 해 주십시오."(엡 3:19)라고 기도하십시오.

## 핵심 #4
## 눈을 가리고 있는 "수건"은 벗겨져야 한다

만일 우리가 하나님이 우리를 위해 준비해 놓으신 최고의 것들을 가지고자 한다면, 우리는 영적인 사람들이 되어서 영의 귀가 열려 영적인 것을 이해할 수 있어야 합니다. 우리를 가리고 있는 "수건(veil)"이 벗겨져야만 합니다. 그래서 우리 가운데 임한 영광의 주님을 볼 수 있어야 합니다.

"그리스도의 신비"(엡 3:4)와 십자가의 신비가 우리에게 계시되어 우리가 이것들에 관해 머리의 지식(그노시스)으로 알지 않고 체험적으로 알게 되려면(기노스코), 위글스워스가 말한 대로, 반드시 우리의 눈을 가리고 있는 차가운 마음이라는 수건(veil), 인간 본위의 이성적인 생각이라는 수건, 자기만족이라는 수건, 육적인 것에 치중하는 수건 등을 위시한 옛 사람에 관계되는 모든 수건들을 벗어야 합니다.

이러한 수건들은 하나님께서 우리가 그리스도와 갖기를 원하는 신비한 교제(엡 3:9)를 방해합니다. 그분과 교제함으로 그분의 신비를 알게 될 때, 우리는 비로소 부흥을 도래하게 할 수 있는 그분의 능력 속으로 들어갈 수 있게 됩니다.

## 어떻게 수건을 벗을 것인가?

어떻게 해야 우리를 가리고 있는 수건을 벗을 수 있을까요? 사도 바울은 하나님의 간섭으로 인해 그를 가리고 있는 수건이 아주 급격하게 벗겨지는 경험을 하였습니다. 우리는 바울의 그러한 경험을 공부해봄으로, 그리스도의 십자가를 삶에 실제적으로 적용하는 것에 대해 도움을 받을 수 있습니다. 그 결과 우리의 눈을 가리고 있던 수건이 벗겨지게 되고, 위글스워스가 말한 바와 같이 하나님의 최고의 것이 우리의 것이 되는 일이 일어나게 됩니다.

> 이 때로부터 예수 그리스도께서 자기가 예루살렘에 올라가 장로들과 대제사장들과 서기관들에게 많은 고난을 받고 죽임을 당하고 제 삼 일에 살아나야 할 것을 제자들에게 비로소 가르치시니 베드

로가 예수를 붙들고 간하여 가로되 주여 그리 마옵소서 이 일이 결
코 주에게 미치지 아니하리이다. 예수께서 돌이키시며 베드로에게
이르시되 사탄아 내 뒤로 물러가라 너는 나를 넘어지게 하는 자로
다 네가 하나님의 일을 생각지 아니하고 도리어 사람의 일을 생각
하는도다 하시고 이에 예수께서 제자들에게 이르시되 아무든지 나
를 따라오려거든 자기를 부인하고 자기 십자가를 지고 나를 좇을
것이니라. 누구든지 제 목숨을 구원코자 하면 잃을 것이요 누구든
지 나를 위하여 제 목숨을 잃으면 찾으리라 (마 16:21-25)

위의 성경 기록을 문맥상으로 살펴봅시다. 예수님께서는 항상 자신이 처한 상황에 비추어 말씀을 하셨기에, 그분의 말씀을 제대로 이해하려면 말씀이 기록된 전후 문맥을 살펴보아야 합니다. 위의 말씀에서 예수님께서는 베드로의 육신적인 요소들을 가리고 있는 수건들이 십자가의 능력으로 인해 벗겨져야 한다고 말씀하셨음을 알 수 있습니다.

위의 성경 내용에서, 베드로는 십자가를 지시고자 하시는 예수님의 의도를 몰랐기 때문에 예수님이 하시고자 하는 일을 가로 막았습니다. 그는 세상적인 눈으로 상황을 바라보았기 때문에 예수님의 의도를 방해하는 말을 한 것입니다. 베드로는 위글스워스가 "영적인 갈망, 열린 귀, 이해하는 마음"이라고 표현한 것들을 갖고 있지 않았습니다. 즉 그는 하나님의 관점에서 예수님의 말씀과 의도를 이해하려고 한 것이 아니라, 자기 자신의 관점에서 이해하려고 하였기 때문에 예수님의 십자가의 길을 방해하는 말을 한 것입니다.

베드로의 인간적인 생각은 하나님의 생각과는 반대가 되었

습니다. 그래서 베드로가 자신의 의견을 말하자 예수님께서는 "너는 나를 넘어지게 하는 자"라며 베드로를 꾸짖으셨습니다. 게다가 주님께서 그에게 사탄이라고 말씀하신 것은 참으로 놀랍습니다. 누가 예수를 반대하였다는 말입니까? 사탄이 베드로에게 예수님께서 십자가를 지시지 못하도록 하는 육적인 생각을 갖도록 하고 그 생각을 표현하도록 하였기 때문에, 사탄이 예수님을 반대한 것입니다. 그렇기 때문에 예수님께서는 베드로를 향해 "사탄아… 네가 하나님의 일을 생각지 아니하고 도리어 사람의 일을 생각하는도다."라고 말씀하신 것입니다.

우리는 예수님의 이 말씀을 통해서 사탄이라는 존재는 사람의 일만을 생각하는 존재임을 확실하게 알 수 있습니다. 그러므로 우리의 세상적이고 육적인 과거의 생각들은 사탄이 우리를 통해 일하도록 도움을 줄 뿐입니다. 다른 말로 표현하면, 육적인 생각은 더러운 냄새가 나는 생각이라는 말입니다. 그러므로 우리는 어떤 행동을 하기 전에 그러한 행동이 육적인 것에서 나온 비 진리적인 행동이 아닌지를 먼저 생각해 보아야 합니다.

인간들로부터 나오는 육적인 모든 생각들은 예수님을 대적하는 것들이기 때문에 십자가에서 죽임을 당해야 합니다. 하나님의 은혜가 얼마나 큰지요! 만일 우

**옛 사람으로 살아간다는 것은 사탄에게 내어주는 삶을 살아간다는 것을 의미합니다.**

리가 베드로처럼 주님의 생각과 반대가 되는 생각을 하여 주님의 앞길을 자기의 생각과 말로 방해한다면 주님이 베드로에게 그러셨던 것처럼 우리에게도 "사탄아 내 뒤로 물러가라 너는 나를 넘어지게 하는 자로다 네가 하나님의 일을 생각지 아니하고 도리어 사람의 일을 생각하는도다"(23절)라고 말씀하실 것입니다.

베드로의 생각을 통해 사탄이 역사하였기에 주님께서는 베드로를 사탄이라고 꾸짖으신 후에, 거기에 있던 제자들에게 "아무든지 나를 따라오려거든 자기를 부인하고 자기 십자가를 지고 나를 좇을 것이니라."(24절)라고 말씀하셨습니다.

예수님의 "자기 십자가"를 지라는 말씀은 육적으로나 세상적인 생각을 갖고 살지 말라는 것입니다. 오늘날 수많은 지구상의 교회들이 우리가 병에 걸리거나 고통을 당하면 그것이 바로 십자가를 지는 삶이라고 설교하고 있습니다. 그것은 진리를 왜곡한 설교입니다. 우리의 육적인 생각이 십자가에 못 박아야 할 것이라는 사실은 빼어 놓은 채 그런 식으로 설교하는 교회들이 세상에 너무도 많이 있습니다.

제자들에게 자기 자신을 부인하고 그들에게 주어진 십자가를 지고 예수를 따르라는 예수님의 말씀을 제대로 이해하려면 예수님께서 그 말씀을 하시기 전에 그분 주위에서 일어났던 상황을 먼저 이해해야 합니다. "자기를 부인하는 삶을 사십시오!" 자기를 부인한다는 것은 자신의 육적인 생각과 육적인 삶을 부인하는 것입니다. 당신의 십자가를 지십시오! 십자가는 사형 도

구입니다. 그러므로 십자가를 지라는 말은 자기 자신을 죽이라는 말입니다. 자신의 육신을 죽이고, 육적인 생각을 죽이고 살라는 말입니다. 자기를 확실히 십자가에 죽여야, 우리는 비로소 그분을 따라가는 삶을 제대로 살 수가 있습니다.

우리 속에 남아 있는 육적인 요소들을 그냥 놔둔 채로 살아가려는 경향이 우리 속에 있는데, 그렇게 하는 것은 타협하는 것입니다. 그러한 타협의 삶을 살게 되면, 하나님으로 가득 찬 삶은 결국 살지 못하고 맙니다. 예수님께서는 "누구든지 제 목숨을 구원하고자 하면 잃을 것이요 누구든지 나를 위하여 제 목숨을 잃으면 찾으리라"(마 16:25)고 말씀하셨습니다. 위글스워스는 다음과 같이 외쳤습니다.

> 이 집회에서는 그 어떤 인간적인 생각도 효력을 발휘할 수 없습니다. 육적인 삶은 죽어야 합니다. 왜냐하면 성령으로 세례를 받은 영혼이 해야 할 것은 바로 육에 대해 죽는 것(롬 6:11)이기 때문입니다.

수건을 벗는 것은 오직 십자가를 통해서만 가능합니다. 우리는 육적인 차원의 삶에서 벗어나 영적인 차원의 삶으로 들어가야 합니다. 우리는 새 이름(계 2:17)을 가진 새 사람이 되어 살아야 합니다. 새 사람은 영적 열망을 갖고 영적인 것들에 대해 귀가 열려 살아가는 사람이고, 영적인 심장을 갖고 살아가는 사람입니다. 그렇게 살아갈 때 하나님께서 우리를 위해 준비하신 최고로 좋은 것들을 모두 갖게 됩니다.

예수님께서 십자가에 못 박힐 당시 예루살렘에는 성전이 있었습니다. 우리는 바로 그 예루살렘 성전과 같습니다. 예수님께서 십자가에서 죽으셨을 때 십자가의 능력이 성전의 휘장을 찢었습니다(눅 23:45). 우리가 만일 하나님의 참 성전으로 살아가고자 한다면 속에 있는 육적인 수건들도 십자가의 능력으로 인해 찢겨져야 합니다.

> 너희 몸은 너희가 하나님께로부터 받은 바 너희 가운데 계신 성령의 전인 줄을 알지 못하느냐? 너희는 너희의 것이 아니라 (고전 6:19)

수건은 우리 속에 남아 있는 옛 사람이고 우리 속에 들어와 있는 세상입니다. 성령으로 인해 세상과 옛 사람이 우리 안에서 죽었습니다(골로새서 3장 3절을 보십시오). 그러나 아직 죽지 않고 남아 있는 부분이 있습니다. 그 남아 있는 옛 사람의 부분이 하나님의 말씀과 믿음으로 인해 죽어야 합니다. 그렇지 않으면 옛 사람이 우리를 주장하여 결국 우리의 마음과 생각과 의지를 좀먹게 됩니다. 우리 속에 썩은 냄새가 나는 부분들이 남아 있다는 사실을 인식하였다면, 그러한 것들이 우리의 대적임을 알아, 하나님의 온전하심이 우리 속에서 나타나지 못하게 하는 수건들을 벗어 버립시다. 그렇게만 하면 아래에 기록된 위글스워스의 설교대로 우리가 하나님께서 우리를 위해 예비하신 최고의 것들을 받아 누리는 삶을 살 수 있게 됩니다.

우리의 내면이 성령으로 가득 차 있지 않고서는 하나님께서 펼쳐주시는 신비들을 절대로 이해할 수 없다는 사실을 잘 알고 있어야 합니다.

하나님께서 우리를 과거로 회귀시키지 않으신다는 사실도 잘 알고 있어야 합니다. 우리 앞에는 단지 새로운 계획, 새로운 계시와 새로운 승리만이 있을 뿐입니다. 모든 육적인 요인들과 악한 세력들과 "하늘에 있는 악의 영들"(엡 6:12)은 그들의 권좌에서 쫓겨나야 합니다.

## 부흥의 능력 안에서 살기

위글스워스가 말하였던 바와 같이, 성령으로 채움 받아 살아가는 것은 "하나님께서 깨닫게 해 주시는 신비"를 이해할 수 있는 곳에서 살아간다는 것을 의미합니다. 이러한 곳에 이를 수 있는 유일한 방법은 옛 삶, 옛 생각의 방식과 옛 사람을 버리는 것입니다.

하나님께서는 새 계획, 새 계시와 새 승리를 우리에게 주시기를 원하시기 때문에, 우리가 새 사람이 되기만 한다면 이러한 것들이 우리의 것이 됩니다. 육적인 요소들과 악한 세력들과 "이 어두움의 세상 주관자들"(엡 6:12)을 우리 속에서부터 몰아내야, 우리는 비로소 그러한 상태에서 살 수 있습니다. 이런 일

**부흥의 능력으로
살아나가기 위해
우리의 육적인
요소들을 모두
내려놓아야 합니다.**

은 죽어서 천국에 가서야 일어나는 일도 아니고, 귀신을 묶노라고 소리를 지른다고 자동적으로 일어나는 일도 아닙니다. 이런 일은 우리의 마음과 생각 속에 있는 모든 육적인 요소들과 악한 세력들과 "이 어두움의 세상 주관자들"(엡 6:12)을 몰아내야 일어나는 일입니다. 위글스워스가 우리에게 가르쳤고 직접 살았던 바와 같이, 우리가 그렇게 할 때에야 우리는 비로소 "새 계획, 새 계시, 새 승리"를 갖고 살아갈 수 있게 됩니다.

## 핵심 #5
## 내가 그리스도와 함께 십자가에 못 박혔다

많은 하나님의 아들들이 나타나게 되었다는 것은 참으로 놀랍습니다. 하나님이 아들들이 나타나게 되면, 그 결과 우리는 그분의 영광을 볼 수 있게 됩니다. 우리는 우리의 옛 삶이 죽을 때 이를 통해 하나님의 목적이 우리의 삶과 사역을 통해 표현될 수가 있습니다. 사도 바울의 삶을 보면, 그리고 그의 다음과 같은 표현을 보면 이러한 일들이 일어나는 것이 얼마든지 가능하다는 사실을 잘 알 수 있습니다.

내가 그리스도와 함께 십자가에 못 박혔나니 그런즉 이제는 내가 산 것이 아니요 오직 내 안에 그리스도께서 사신 것이라 이제 내가 육체 가운데 사는 것은 나를 사랑하사 나를 위하여 자기 몸을 버리신 하나님의 아들을 믿는 믿음 안에서 사는 것이라 (갈 2:20)

20세기에 하나님께서 지구상에 세차게 성령을 부어주셨을 때에 위글스워스는 성령 충만과 성령 세례에 관한 일에 하나님께 가장 크게 쓰임 받은 선구자적인 사람이었습니다. 이런 일이 있기 전에 먼저 그 자신이 성령 세례를 체험함으로 삶이 온전히 변화되는 일이 일어났습니다. 그는 성령 세례를 받은 후, 수없이 많은 그리스도인들이 그가 체험한 것을 체험할 수 있도록 도움을 주었던 것입니다.

지난 세기에 성령 안에서 성령 세례를 받는 것을 전한 사람들 중에 위글스워스만한 사람은 없었습니다. 그는 성령 하나님에 의해 온전히 "사로잡히는 것"(possession)을 매우 강조하였던 사람이었습니다. 그에게 있어서, 성령에 온전히 사로잡혀 살아간다는 것은 성령에 의해 죄성이 소멸된 후, 성령의 인도로 살아가는 것을 뜻하였습니다. 그는 성령으로 가득 채워질 때에는 사도행전 1장 8절이 말하고 있는 성령으로 인한 권능(능력, [헬라어로는 듀나미스, dunamis])과 고린도전서 1장 18절이 말하고 있는 십자가로 인한 하나님의 능력(권능, [헬라어로는 듀나미스, dunamis])이 서로 연결되어진다는 사실을 발견하였습니다. 이러한 사실은 성령으로 인해 살게 되는 새 날에 관한 아래의 설교를 통해 잘 나타납니다.

> 많은 하나님의 아들들이 나타나게 되었다는 것은 참으로 놀랍습니다. 하나님이 아들들이 나타나게 되면, 그 결과 우리는 그분의 영광을 볼 수 있게 됩니다. 우리는 우리의 옛 삶이 죽을 때 이를 통해 하나님의 목적이 우리의 삶과 사역을 통해 표현될 수가 있습니다.

## 성령으로 가득 채워지는 것은
## 십자가를 온전히 나타내는 것이다

위글스워스는 성령으로 가득 채워진다는 것은 옛 사람의 삶을 살지 않는 것이고 십자가를 온전히 나타내는 삶을 사는 것이라는 점을 분명히 하였습니다. 그는 "불꽃"이라는 제목의 설교에서 다음과 같이 말하였습니다.

> 성령의 세례는 저에게 있어서 전의 삶 전체를 살라 없애는 것을 말합니다. 그리고 그 대신 왕이신 예수를 제 속에 세우는 것입니다. 우리가 왕으로 모신 그분의 임재 앞에서는 육적인 그 어떤 것도 서 있을 수 없습니다.[32]

예언이 무엇입니까? 부흥이 무엇입니까? 우리가 성령에 사로 잡혀서 옛 사람의 속성들을 모두 버려버리면, 우리의 삶을 통해 예수의 능력과 영광과 사랑과 권세 그리고 그분의 지혜와 생명이 표현됩니다. 그리고 그 결과 예언과 부흥이 도래하게 됩니다. "우리가 왕으로 모신 그분의 임재 앞에서는 육적인 그 어떤 것도 서 있을 수 없습니다." 본질적으로, 성령 세례를 받게 되면 십자가로 인해 죽고 서로 살게 되는 일이 일어나게 됩니다.

> 내가 그리스도와 함께 십자가에 못 박혔나니 그런즉 이제는 내가 산 것이 아니요 오직 내 안에 그리스도께서 사신 것이라. 이제 내가 육체 가운데 사는 것은 나를 사랑하사 나를 위하여 자기 몸을 버리신 하나님의 아들을 믿는 믿음 안에서 사는 것이라 (갈 2:20)

저는 믿음에 대해 설교하는 설교가들이 위글스워스의 경우를 예로 들며 위글스워스가 살아갔던 십자가의 삶을 통해 옛사람이 죽고 새 사람으로 살아가라고 설교하는 것을 자주 들

**부흥을 일으키는 믿음으로 산다는 것은 하나님의 아들을 믿는 믿음으로 산다는 것을 의미합니다.**

었습니다. 그분들이 그렇게 설교하는 것은 위글스워스에 대해 제대로 알고 설교하는 것입니다. 그러나 저는 또한 설교가들이 위글스워스의 삶에 능력이 나타난 이유를 그가 살았던 십자가의 삶에서 찾지 않는 경우들도 많이 보아왔는데, 이는 위글스워스에게서 능력이 나타난 가장 중요한 이유를 놓친 것이라고 할 수 있습니다.

만일 여러분이 위글스워스처럼 부흥을 일으킬 수 있는 믿음을 소유하고 살기 원하신다면, "하나님의 아들을 믿는 믿음 안에서 살아야 합니다"(갈 2:20). 여기서 말하고 있는 믿음은 그분의 믿음(His faith)입니다. 다른 방법은 없습니다. 위글스워스는 바로 이러한 보석보다 값진 사실을 알았습니다. 당신의 힘, 당신의 믿음은 아무 소용이 없습니다. 당신의 삶은 효과가 없습니다. 당신의 계획은 아무 힘이 없습니다. 오직 그분의 믿음, 그분의 삶, 그분의 계획만이 의미가 있고 힘이 있습니다.

당신 스스로가 나아지고자 하는 노력, 당신 자신을 개선시키고자 하는 노력, 당신의 힘으로 자신을 거룩하게 하고자 애

그리스도의 편지 119

쓰는 것, 자기 자신을 가르치고 변화시키고자 노력하고 당신의 믿음을 크게 하고자 하는 수고들은 모두 그분으로부터 나오는 것들로 대체되어야 마땅합니다(엡 2:10).

## 능력의 세례를 받아야 한다
### (We Need the Baptism of Power)

21세기의 아침이 밝아오고 있는 오늘날의 교회들은 사도행전에 기록된 교회들과 비교하면 많이 왜곡되어 있습니다. 그 이유는 너무도 많은 그리스도인들이 그들의 삶을 자연인의 회복이라는 관점으로 모래위에서 세우려고 하기 때문입니다(마태복음 7장 24-27절을 보십시오).

우리가 그렇게 하는 것을 계속 고집한다면, 그것은 바로 예수 그리스도의 십자가의 삶을 기초로 삼지 않고, 그 대신 우리의 믿음, 우리의 계획, 우리의 삶을 기초로 살아가는 것이 됩니다. 그리스도의 십자가를 기초로 하여 우리의 삶을 세워나갈 때, 우리의 삶은 그리스도의 삶으로 대체되는 바람직한 일이 일어납니다. 사도행전에 나온 교회들은 바로 그러한 삶을 살았습니다.

그러므로 우리는 십자가의 삶을 매일 매일 살아나가야 합니다. 왜냐하면 "십자가의 도가… 구원을 얻는 우리에게는 하나님의 능력"(고전 1:18)이기 때문입니다. 우리가 십자가의 삶을 살면 살수록, 하나님의 아들들이 더 많이 나타나고, 십자가의 삶을 살아가는 하나님의 군대들이 마지막 대 전투에 왕 중의 왕이시고 주 중의 주이신 분을 더 많이 따르고, 그분의 높은 부르심에 더 많이 응답하고(빌 3:14), 그리스도의 신부된 우리를 통해 더 많이 그분의 빛이 비추어지게 됩니다. 우리가 필요로 하는 것은 십자가에 관한 영광스러운 메시지들입니다. 우리가 필요로 하는 것은 십자가에 관한 더 깊이 있는 가르침들입니다.

## 십자가에 못 박히신 그리스도를 강조해야 한다

> 말의 지혜로 하지 아니함은 그리스도의 십자가가 헛되지 않게 하려 함이라 (고전 1:17)

위의 성경 구절의 "말"은 무엇을 의미합니까? 인간의 지혜로부터 나온 말은 그리스도의 십자가의 효력을 무효로 만들 뿐입니다. 사도 바울은 "내가… 예수 그리스도와 그의 십자가에 못 박히신 것 외에는 아무것도 알지 아니하기로 작정하였음이라"(고전 2:2)고 했습니다. 우리도 사도 바울과 같은 결심을 하고 살아야 합니다. 바울이 그와 같은 결심을 하였을 때는 그가 그리스의 아덴에서 막 돌아왔을 때였습니다. 그는 아덴에 있을 때 아레오바고(Areopagus)의 한 가운데 서 있었고, 이 때 세상에서 이름이 나있는 지식인들이 그를 둘러싸고 있었습니다. 성경은 이 사람들을 "가장 새로운 것을 말하고 듣는 것 이외에는 달리 시간을 쓰지 않는"(행 17:21) 사람들이라고 하였습니다. 이런 지식인들을 향해 바울은 하나님께서 인간들과 가까이 계시다고 전했습니다. 바울은 그를 둘러싸고 있는 사람들과 같은 수준의 사람인 것처럼 행세하며 우상 숭배, 회개, 하나님의 심판과 예수의 부활 등에 대해 전하였습니다. 이때 그의 말은 그 주위에 있는 그 어떤 사람의 말보다 달변이었습니다.

바울이 아덴에서 사람들을 만나기 전까지 바울의 사역에는 기적이 나타났고, 수많은 영혼들이 구원받는 일이 일어났고, 하나님의 개입하심으로 인해 지진이 일어나기도 했고, 환상들을 보았으며, 하나님의 나라가 이방인들에게로 급속히 확장되어 나갔기 때문에, 그의 사역은 그야말로 부흥과 추수의 사역 그 자체라고 말할 수 있을 정도였습니다. 그러나 아덴에서의 그의 사역에는 중요한 메시지가 빠져있었습니다. 아덴에서 행한 바울의 설교에는 십자가의 능력에 대한 메시지가 빠져있었던 것입니다. 바울은 아덴에서 그리스도께서 인류의 죄를 위하여 십자가에서 죽으심으로 인간들을 구해주셨고, 이를 통해 그분께서 사람들의 죄를 가져가시고, 그리스도를 믿는 사람들에게 하나님의 의를 주셔서 사람들이 영생을 가질 수 있도록 해 주셨다(고후 5:21)는 메시지는 전하지 않았습니다. 아덴에서 바울은 십자가로 인한 "하나님의 능력"(롬 1:16)은 빼고 전한 것입니다. 그 결과 그는 아덴에서 좋은 결과를 얻지 못하였습니다. 이에 대해 성경은 다음과 같이 기술하였습니다.

그들이 죽은 자의 부활을 듣고 어떤 사람은 조롱을 하고 어떤 사람은 이 일에 대하여 네 말을 다시 듣겠다 하니 이에 바울이 그들 가운데서 떠나매 몇 사람이 그를 가까이 하여 믿으니 그 중 아레오바고 관리 디오누시오와 다마리라 하는 여자와 또 다른 사람들도 있었더라 (행 17:32-34)

아덴에서는 단지 "몇 사람만이 그를 가까이 하여 믿을 뿐이었습니다." 아덴에서의 바울의 사역에는 아무런 기적도 일어나지 않았고, 소요도 일어나지 않았고, 영혼들을 많이 구원하지도 못했습니다.

바울은 아덴의 아레오바고에서 쓴 경험을 한 후, 아덴을 떠나서 고린도로 갔습니다(행 18:1). 고린도에서 바울은 아덴에서 전한 것과는 전혀 다르게 전했습니다. 바울은 자신이 고린도에서 복음을 전할 때 그의 상태에 대해, "내가… 약하며 두려워하며 심히 떨었노라"(고전 2:3)라고 표현하였습니다. 바울은 자신이 고린도에서 복음을 전한 것에 대해 다음과 같이 기록하였습니다.

형제들아 내가 너희에게 나아가 하나님의 증거를 전할 때에 말과 지혜의 아름다운 것으로 아니하였나니 내가 너희 중에서 예수 그리스도와 그의 십자가에 못 박히신 것 외에는 아무것도 알지 아니하기로 작정하였음이라 내가 너희 가운데 거할 때에 약하며 두려워하며 심히 떨었노라 내 말과 내 전도함이 지혜의 권하는 말로 하지 아니하고 다만 성령의 나타남과 능력으로 하여 너희 믿음이 사람의 지혜에 있지 아니하고 다만 하나님의 능력에 있게 하려 하였노라 (고전 2:1-5)

왜 바울은 아덴을 황급히 떠났을까요? 바울은 아덴을 떠나 다음 기착지인 고린도에 도착했을 때, 왜 "내가… 너희 가운데 거할 때에 약하며 두려워하며 심히 떨었노라."라고 고백했을까요?

위에 인용한 성경을 자세히 연구한 결과, 저는 바울이 아덴의 아레오바고에 섰을 때 십자가의 메시지를 전하는 대신에 바울 자신의 인간적인 힘과 새 사람이 되기 전에 가지고 있었던 말재주를 가지고 말했다는 사실을 알게 되었습니다. 그는 아덴에서 자신의 인간적인 지식과 말재주를 가지고 하나님의 것들을 전하려고 하다가 큰 실패를 맛보았기 때문에 고린도로 황급히 물러나서는 자신의 상태가 매우 약하고 두려워 떠는 상태에 있다고 고백한 것입니다.

바울은 아덴에서 인간적인 욕심으로 전하려고 하다가 큰 열매를 맺지 못하였습니다. 이에 대해 성경은 "몇 사람이 그를 가까이 하여 믿으니 그 중 아레오바고 관리 디오누시오와 다마리라 하는 여자와 또 다른 사람들도 있었더라"(행 17:34)라고 기록하고 있습니다. 그는 아덴에서 "성령의 나타남과 능력"(고전 2:4)으로 전하지 않았습니다. 이러한 실패의 경험을 통해 바울은 그의 과거의 옛 사람이 나타나면 그의 사역은 실패로 돌아간다는 사실을 확실히 알게 되었습니다. 그러한 체험으로 인해 그는 자신의 인간적인 요소들을 십자가에 확실히 못 박을 수 있었기 때문에 "내가 너희 중에서 예수 그리스도와 그의 십자가에 못 박히신 것 외에는 아무것도 알지 아니하기로 작정하였음이라"(고전 2:2)라는 결단의 말을 할 수 있었습니다.

많은 사람들이 오늘날의 교회에 믿는 사람들이 조금씩은 생기긴 하지만, 왜 사도행전에 기록 된 대로 성령의 나타남과 능력은 더 이상 존재하지 않는지에 대해 이상하게 생각하고 있습니다. 저는 그렇게 된 이유가 "예수 그리스도와 그의 십자가에 못 박히신 것 외에는 아무것도 알지 아니하기로 작정"하는 태도가 오늘날의 교회에서 사라졌기 때문이라고 생각합니다. 오늘날의 교회에 십자가가 빠져있습니다. 바울이 그랬던 것처럼, 오늘날의 교회들도 우리의 왕되신 예수 그리스도께서 영광 중에 재림하실 때까지 모든 것을 제쳐두고 십자가를 가장 먼저 전하는 것에 치중하여야 합니다.

**많은 사람들이 십자가의 삶을 버리고 자기 개선만을 추구하였습니다.**

오늘날의 교회들은 육신에 호소하는 가르침, 인간으로부터 나오는 가르침 쪽으로만 달려가고 있습니다. 오늘날 교회의 가르침들은 자기 자신을 개선하고, 가족의 삶을 더 좋게 만들고, 재정적으로 흡족하게 살 수 있는 지에 대해서 치중하여 가르치고 있습니다. 오늘날의 사람들은 말을 공교롭게 함으로 사람들을 자기가 원하는 방향으로 끌고 가려고 합니다. 그러나 우리가 이런 사람들의 삶을 보다 낫게 만드는 것에 치중하는 가르침에 끌리다 보면 하나님이 부르신 올바른 삶은 살지 못하게 되고, 결국에는 죽도 밥도 아닌 삶을 살게 될 뿐입니다. 하나님은 육적인 요소들을 십자가에 못 박는 십자가의 삶으로 저와 여러분들을 부르셨습니다. 그러므로 우리는 우리의 옛 사람을 완전히 죽게 하는 삶을 살아야 합니다.

많은 사람들이 십자가를 버리고 자신을 개선시키는 것에만 관심이 있습니다. 그들은 구원을 온전히 이루어가는 과정으로서의 삶에는 관심이 없습니다. 그들은 자신의 옛 사람이 하나님의 형상이 나타나는 새 사람의 삶으로 온전히 대체되는 것에는 관심이 없습니다. 그러나 성경은 다음과 같이 말하고 있습니다.

> 십자가의 도가 멸망하는 자들에게는 미련한 것이요 구원을 얻는 [구원을 얻어가고 있는, being saved] 우리에게는 하나님의 능력이라 (고전 1:18)

만일 우리가 바울처럼 "예수 그리스도와 그의 십자가에 못 박히신 것 외에는 아무것도 알지 아니하기로 작정"하는 삶을 살아가기를 거절한다면, 결국은 무너지는 삶을 살게 될 것입니다. 우리가 육신으로 살아가기를 계속한다면 결국 멸망에 이르게 됩니다. 세상 사람들은 말을 잘하는 사람의 말을 듣는 경향이 있고, 인간의 생각에서 나온 말로 사람들을 잘 설득하는 사람의 말을 따르는 경향이 강합니다. 물론 인간적인 생각에서 나오는 가르침들이 인간들을 일시적으로는 개선시킬 수 있습니다. 인간적인 생각에서 나오는 가르침들을 좋아하는 사람들은 십자가 메시지를 싫어합니다. 왜냐하면 그들의 육적인 생각에는 십자가의 메시지가 어리석게 보이기 때문입니다. 그러므로 이 책의 내용들이 어떤 분들에게는 어리석게 보일 수도 있습니다. 성경은 다음과 같이 선언합니다.

> 만일 우리 복음이 가리웠으면 망하는 자들에게 가리운 것이라
> (고후 4:3)

세상적인 사람들에게는 복음이 얼마나 아름다운 것이고 실제인지를 아는 눈이 가려져 있습니다. 성경은 세상적인 사람들은 썩어져가는(후패하는) 사람들이라고 말하고 있습니다.

> 우리가 낙심하지 아니하노니 겉사람은 후패하나 우리의 속은 날로 새롭도다[계속 새로워지고 있는 중이다, being renewed]
> (고후 4:16)

겉 사람이 속사람을 가리고 있는 것입니다. 육적인 생각들이 그리스도의 마음을 가리고 있습니다(고전 2:16). 머리의 지식(gnosis, 그노시스)은 그리스도의 마음으로 우리를 인도할 수 없습니다. 우리는 경험(ginosko, 기노스코)을 통해서만 그리스도의 마음을 알 수 있습니다. 단순한 머리를 통한 지식이나 개념의 이해가 아니라, 마음 깊숙이 알아야 하고 속사람을 통해서 알아야 합니다. 이러한 것들이 바로 부흥의 핵심들입니다.

## 핵심 #6
## 최고의 높임

오, 사랑하는 형제들이여, 우리의 성령 하나님께서 오늘 우리 안에 역사하셔서 그리스도의 영광의 크기가 얼마나 대단한 것인지를 우리가 깨닫게 될 수 있다면 참 좋겠습니다.

우리가 그리스도로 말미암아 하나님을 향하여 이같은 확신이 있으니 우리가 무슨 일이든지 우리에게서 난 것같이 스스로 만족할 것이 아니니 우리의 만족은 오직 하나님으로부터 나느니라 (고후 3:4-5)

아, 얼마나 사랑스러운 말씀인지요! 이 말씀들은 그냥 지나치기에는 너무도 깊은 의미를 지니고 있는 말씀들입니다. 이 말씀은 인간의 높임과는 다른 최고의 높임을 받는 삶입니다. 우리는 우리 자신을 신뢰하는 것에서 멀리 벗어난 곳에 이를 수 있어야 합니다.
사랑하는 여러분들이여, 자기 확신은 실패를 양산합니다. 인간에게서는 참 안식을 찾을 수 없습니다. 우리의 신뢰는 하나님에게만 있습니다. 그분만이 우리에게 승리를 가져다 주십니다. 우리가 사람들을 신뢰하지 않게 되어야 우리는 비로소 전능하신 하나님의 권세 안에서 온전한 안식을 누릴 수 있게 됩니다.

위글스워스는 십자가를 여러 번에 걸쳐 강조하였습니다. 위글스워스의 "하나님이 높이시는 높임은 인간의 높임과는 차이가 납니다."라는 말이 바로 그 한 예입니다. 하나님이 주시는 최고의 높임은 인간이 자신과 자신의 능력, 자신의 지성, 자신의 말재주를 신뢰하는 것을 버리고 "성령의 나타남과 능력"(고전 2:4)이 우리를 통해 온전히 나타나는 것입니다.

> 마지막 추수 때에 일어날 하나님의 군대는 은사에 치중하는 사람들이 아니라, 십자가의 삶을 사는 사람으로 이루어질 것입니다.

"자기 확신 속에는 실패가 가득합니다." 마지막 시대에 영혼의 대 추수를 할 수 있는 하나님의 군대들은 재주가 많은 사람(the gifted)들로 이루어지는 것이 아니라 십자가에 자기의 육적 요소들을 못 박은 사람들로 이루어질 것입니다. 오늘날의 교회를 이끌어가는 사람들은 자신을 십자가에 못 박은 사람들이 아니라 스스로 재주가 많다고 생각하는 사람들이라는 사실이 우리를 슬프게 합니다. 그러므로 오늘날 우리가 큰 부흥을 경험하지 못하고 있는 것은 당연한 것입니다.

> … 나의 여러 약한 것들에 대하여 자랑하리니 이는 그리스도의 능력으로 내게 머물게 하려 함이라 (고후 12:9)

바울은 자신이 약하다는 사실을 자랑한다고 고백하였습니다. 바울은 십자가를 알았던 사람입니다. 그는 십자가를 깊이 알았고 십자가의 의미에 충격을 받은 사람입니다. 그랬기에 그는 "나 바울은 나의 약함과 무능함을 자랑합니다. 그렇기 때문에 나는 그리스도의 능력만을 사모하고 나의 능력을 사모하지 않습니다."라고 말할 수 있었고, 빌립보서 3장에서 "무엇이 든지 내게 유익하던 것을 내가 그리스도를 위하여 다 해로 여 길 뿐입니다."(빌 3:7)라고 말할 수 있었습니다. 정말로 바울은 자기 자신의 능력이나 재주나 지식들을 자랑하지 않았습니다. 그는 그런 것들을 "배설물"(8절)로 여겼습니다. 그가 그렇게 할 수 있었던 이유는 그렇게 함으로써만 그리스도를 얻을 수 있기 때문이었습니다.(8절) 바울은 그 어떤 것보다 "그리스도 를 아는 지식이 가장 고상하다"(8절)는 사실을 잘 알았으며, 그리스도를 알기 위해 모든 것들을 다 버렸습니다.

만약 우리가 그리스도의 능력 안에서 진정한 의미의 예언자적인 삶을 산다는 것이 무엇을 의미하는 지를 확실히 알고, 그런 삶을 사는 것이 우리의 가장 강력한 열망이며, 사람으로부터 칭찬의 말을 들을 때(요한복음 5장 41-44절을 보십시오) 그런 삶을 살 수 없다는 사실을 잘 인식하고 있다면, 우리는 사람들을 향해 "제발 저를 높이지 마십시오. 저 자신은 여러분들의 높임을 받을 만한 것을 갖고 있지 않습니다. 단지 저를 통해 '제 속에 계신 그리스도를 보시고 그분의 영광의 소망만을 보십시오.' (골 1:27)"라고 외칠 수 있게 됩니다. 위글스워스는 이러한 외침을 외치며 살았습니다. 우리는 위글스워스가 그렇게 살았다는 사실을 다음과 같은 그의 설교를 통해 잘 알 수 있습니다.

사랑하는 여러분들이여, 자기 확신은 실패를 양산합니다.
인간에게서는 참 안식을 찾을 수 없습니다. 우리의 신뢰는 하나님에게만 있습니다. 그분만이 우리에게 승리를 가져다 주십니다. 우리가 사람들을 신뢰하지 않게 되어야 우리는 비로소 전능하신 하나님의 권세 안에서 온전한 안식을 누릴 수 있게 됩니다.

생명의 삶을 사는 비밀은 죽음에 있습니다. 으리가 우리 자신에 대해 죽을 때 최고의 높임, 즉 그리스도가 우리 안에 거하는 삶이 우리의 것이 됩니다. 우리의 육체가 죽으면 우리는 그리스도와 함께 영원히 살게 되고 영원히 그분은 우리의 것이 됩니다. 바울은 "내게 사는 것이 그리스도니 죽는 것도 유익하다."(빌 1:21)고 고백하였습니다.

예수님께서는 "자기 목숨을 얻는 자는 잃을 것이요 나를 위하여 자기 목숨을 잃는 자는 얻으리라"(마 10:39)고 말씀하셨습니다. 자기 확신 속에는 실패가 있습니다. 우리의 육적인 삶 속에 실패가 깃들어 있습니다. 그분의 생명(life), 그리스도의 생명을 발견하는 자만이 인생을 가치 있게 살아갑니다. 그런 사람들만이 최고의 높임 받는 삶을 살아갑니다. 그러한 높임은 인간이 주는 높임과는 격이 틀립니다. 자기의 목숨을 잃는 사람들(39절)은 풍성한 삶을 살게 됩니다.

최고의 높임 받는 삶은 "오직 하나님으로부터 오는 영광"(요 5:44, KJV)만을 구하는 삶입니다. 이러한 삶은 스스로를 높이는 삶과 다른 사람으로부터 높임을 받고 사는 삶(요 5:41,44)보다 월등한 삶입니다. 위글스워스는 자기 자신을 신뢰할 수 없음을 철저히 깨달았던 사람입니다. 저도 현재 그러한 사실을 매일 매일 더 깊이 깨달아가며 살아가고 있습니다. 저는 저 자신을 신뢰할 수 없다는 사실을 깨닫게 되자 "전능하신 하나님의 권세 안에서만 온전한 안식을 누릴 수 있게 되었습니다."

이 얼마나 아름다운 진리인지요! 이것이 바로 "최고의 높임 받는 삶"입니다! 위글스워스는 자신을 완전히 잃어버렸고, 자신의 삶을 그리스도의 삶으로 대체하였습니다. 그의 능력의 비밀이 바로 거기에 있었습니다. 그가 전한 메시지들을 자세히 들여다보면, 그의 모든 설교들에서 그러한 사실이 관찰됩니다. 위글스워스는 오순절을 전한 전령이면서 또한 십자가에 자신을 못 박은 사람들로 이루어진 하나님의 군대를 일으킨 사람이었습니다.

저는 이 책을 자신을 십자가에 못 박은 후 하나님을 위한 군대가 된 사람들에게 바칩니다. 그러한 사람들만이 마지막 대 추수 때에 하나님의 쓰임을 받을 수 있게 됩니다. 그런 사람들은 자신을 죽이고 십자가를 지고 가는 삶을 사는 사람들입니다. 그런 사람들이 결국에는 성령이 주시는 기름부음과 능력을 받을 수 있는 하나님의 정결한 그릇으로 쓰임을 받게 됩니다.

## 야곱의 씨름

카이쓰 그린(Keith Green)이라는 사람이 다음과 같은 곡을 작사하였습니다.

나의 육신은 하나님을 찾기에 곤비하네,
나는 계속 무릎을 꿇고 있네.
나는 하나님을 기쁘게 하는 자녀가 되고 싶네,
그 마지막 날이 오기까지.33)

\* \* \* \* \* \* \* \* \* \*

나의 눈물은 말랐고, 나의 기도는 식었네.
나의 심장은 차갑고, 나의 믿음은 옛 믿음이네.
그분에 대해서 살고, 나에 대해서는 죽고 싶은데,
나는 어찌해야 할지 모르겠네.

내가 가지고 있는 옛 마음을 어찌해야 할까?
기름과 포도주로 나의 마음을 녹이는 방법 밖에는 없다네.
주님, 당신이 기름입니다.
주님, 나는 위로부터 오는 당신의 성령이 필요합니다.
당신의 사랑의 포도주로 나를 씻으셔서
새롭게 만들어 주옵소서.34)

카이쓰 그린의 노래들이 전 세계의 교회들의 마음을 움직였고, 수천수만의 젊은이들로 하여금 부흥을 체험하도록 하는데 도움을 주었습니다. 저는 카이쓰 그린이 진정한 의미의 부흥을 도래하게 한 사람이라고 믿습니다. 그의 노래들은 기독교의 음악 산업을 새로운 방식으로 일으키는데 선도적인 역할을 하였고, 그의 음악으로 인해 새로운 시대가 옅렸습니다.

그의 노래가 그토록 굉장한 반향을 일으킬 수 있었던 이유는 그의 음악적인 탁월한 재주에 있었던 것이 아닙니다. 왜냐하면, 그가 음악적인 면에 탁월함을 가지고 있는 것은 사실이지만, 그보다 더 탁월한 재주를 가진 음악가들의 음악들은 전혀 알려지지 않고 사장된 경우가 너무도 많이 있기 때문입니다. 그의 음악이 교회에 영향을 준 이유는 그의 음악적인 재능에 있는 것이 아니라 그의 마음에 있습니다. 그의 마음은 십자가의 칼로 깊이 수술 받은 마음이었기에 그런 일이 일어난 것입니다. 그는 마음의 깨어짐을 경험했던 사람이었고, 야곱이 천사와 씨름했을 때와 같은 상황을 그 자신이 체험했던 사람이었습니다. 그는 야곱처럼 천사를 향해 "당신이 내게 축복하지 아니하면 가게 하지 아니하겠나이다."(창 32:26)라고 부르짖었던 사람이었습니다. 이러한 십자가로 인해 마음이 베어지는 경험을 통해 자신에 대해서는 죽고 그리스도에 대해서는 사는 삶을 살기로 결단하였기 때문에, 그는 많은 젊은 세대의 사람들을 부흥으로 이끌 수 있는 노래를 만들 수 있었던 것입니다.

카이쓰는 십자가로 인해 마음이 베어지는 경험을 한 후 노래를 만들었고, 그 노래로 인해 기독교 음악의 새 시대와 새 문이 열렸습니다. 그러나 오늘날, 십자가에 의지하지 않고 자신의 능력에 의지하여 활동하고 있는 기독교 음악가들이 많다는 사실이 우리들을 슬프게 합니다. 사실은 한때 카이쓰도 그러한 사람들 중의 하나였습니다. 그는 한때 새 사람의 삶을 떠나 옛 사람의 삶으로 돌아간 적도 있었습니다. (저는 이 말을 저의 판단대로 한 것이 아니라, "예언자만을 위해서"35) (For Prophets Only)라는 제목으로 쓰여진 카이쓰 자신의 글을 통해서 알게 된 사실을 말한 것입니다.) 그러나 그 후 그는 야곱의 씨름과 같은 경험을 통해서 자신을 십자가에 못 박아 죽이는 삶을 살게 되었습니다. 바로 그러한 과정이 있었기에 그의 노래에는 깨어진 마음을 통해 흘러나온 하나님의 진정한 축복이 있습니다. 그러므로 우리가 그의 노래를 들을 때에, 옛 사람의 노래를 듣게 되는 것이 아니라, 새 사람의 노래를 듣게 됩니다.

　카이쓰 이후에 나타난 기독교 예술가들 중에 명성을 얻고 성공한 사람들이 많이 있습니다. 그러나 그런 사람들 중에 겉으로는 성공을 얻었을지는 모르지만 사실은 간음하고, 재산을 탕진하고, 개인적으로 파산한 사람들이 많이 있다는 사실이 우리를 슬프게 합니다. 저의 이야기를 잘 이해하고 들어주시기를 간절히 바랍니다. 저는 그런 사람들에게 돌을 던지는 말을 하고자 하는 것이 아닙니다. 저는 마음에 상처를 받고 실패의 삶을 산 사람들에 대해 진정 그리스도의 긍휼히 여기는 마음을 갖고 있습니다. 왜냐하면 그런 사람들의 실패한 삶은 타고난 재주만을 높여주었던 교회의 잘못된 가르침에 기인한 바가 큰 것이 사실이기 때문입니다. 교회가 세상적인 생각과 육적인 생각을 가져 왔기 때문에 그런 사람들이 나타나게 된 것입니다. 육적인 생각은 죽음을 초래할 수밖에 없습니다(롬 8:6).

우리가 가지고 있는 재주를 바라보면 부흥은 없어져버립니다. 그리스도의 십자가로 인해 우리의 심령이 잘려져 나가는 경험을 해야 부흥이 도래합니다. 우리가 인간이 가진 재주를 높이면, 인간을 우리의 왕으로 섬기게 됩니다(사무엘상 8장 4-7절을 보십시오). 그 결과 우리는 우리도 모르는 사이에 현재에 부흥을 일으킬 수 있는 그리스도의 능력을 상실한 채, 언젠가 때가 되면 하나님이 그 어떤 방법으로든지 하늘로부터 부흥의 비를 부어주실 것이라는 막연한 기대감만을 갖고 살아가게 됩니다. 그러나 우리가 십자가를 품고 살아가기만 하면 부흥은 결코 미래의 일이 아니게 됩니다.

**십자가를 품는 사람들에게 부흥이 다가옵니다.**

창세기를 봅시다. 창세기를 보면, 야곱은 속이는 사람, 즉 남을 밀어내고 대신 들어앉는 사람(supplanter)에서 하나님의 왕자를 뜻하는 이스라엘로 변화되었음을 알 수 있습니다. 이러한 야곱의 변화는 십자가를 통한 삶의 변화를 예표하고 있습니다. 야곱은 오랫동안 자신의 재주, 자신의 능력으로 살았고, 그러는 동안에 그를 향한 하나님의 계획을 발견할 수 없었습니다. 그렇게 살아가는 동안은 그는 "야곱"으로만 살아갈 뿐이었습니다. 그러나 그는 삶의 여정 어느 부분에서 자신의 힘으로는 도저히 더 이상 버틸 수 없는 지점에 봉착하게 되었습니다. 그는 바로 그 지점에서 "자신의 삶이 산산조각 나는 경험"을 하게 된 것입니다. 즉 야곱의 삶이 위기에 봉착하게 된 것입니다. 그래서 그는 자신의 모든 소유물을 자신과 분리시킨 후에 하나님과 혼자서 대면하는 장소를 마련할 수밖에 없게 되었습니다. 그런 상황에서 그는 하나님과 씨름하였습니다. 그는 이제껏 남을 속이는 삶을 살았습니다. 그는 형 에서를 속여서 에서의 것을 빼앗았습니다. 속임으로 소유물을 얻게 되는 거짓 축복의 삶을 살았습니다. 그러나 그는 그런 삶이 거짓 된 삶이라는 사실을 철저히 깨닫게 되는 시점에 도달하게 된 것입니다. 그는 이제 자신의 속이는 능력으로부터 오는 거짓 축복이 아닌, 하나님으로부터 오는 참 축복이 필요하다는 사실을 깨닫는 시점에 도달하게 된 것입니다.

그 시점에서 야곱은 하나님과 씨름하였습니다. 그는 하나님께 "나는 당신의 축복을 받아야만 합니다. 나는 당신의 축복을 받지 않고 그냥 떠날 수는 없습니다. 만일 당신이 나를 축복해 주지 않는다면 당신을 절대로 놓아주지 않겠습니다. 당신이 주시는 진정한 축복이 없는 삶은 의미가 없다는 사실을 저는 잘 알고 있습니다."라고 말하며 끈질기게 늘어졌습니다(창세기 32장 26절을 보십시오). 그가 단호한 마음을 가지고 하나님을 향해 "당신이 내게 축복하지 아니하면 가게 하지 아니하겠나이다."(26절)라고 말함으로 말미암아 그는 비로소 하나님의 참된 축복을 받는 삶 속으로 들어갈 수 있게 되었습니다.

그런 일이 있고나자 하나님의 축복이 그에게 다가왔습니다. 인간으로서는 도저히 기대하지 못할 방법으로 하나님의 축복이 그에게 찾아왔습니다. 야곱이 하나님께 축복을 달라며 하나님을 붙잡고 씨름하였을 때, 하나님께서 야곱을 손으로 만 졌거나, 축복을 하늘에서 야곱 속으로 신속히 채워주었거나, 야곱에게 기쁨이 충만해졌거나, 하나님께서 그 어떤 세상적인 방법으로 야곱에게 축복을 내려주시지는 않았습니다. 오히려 그가 하나님과 씨름하는 동안 야곱은 하나님에 의해 뼈가 골절되었을 뿐이었습니다. 하나님은 그를 무능하게 만드셨습니다. 그의 능력과 재주의 성공을 무효로 만드셨습니다. 그 결과, 그는 절룩거리며 걸을 수밖에 없었습니다. 그러나 그는 씨름한 그날 "하나님을 대면하여 보았습니다"(30절). 이것이 바로 그가 받은 축복입니다. 그가 하나님을 대면하여 보았지만 그는 죽지 않았습니다. 그러나 사실 그가 하나님을 대면하여 본 순간, 옛 야곱은 죽었고 새 이스라엘이 살아나는 축복을 받게 된 것입니다(28절을 보십시오).

## 위대한 하나님의 군대의 도래를 바라봄

이제는 사람의 능력과 재주를 더 이상 귀하게 보지 않는 관점이 저에게 생기게 되었습니다. 저는 저 자신이 절룩거리는 사람이라고 생각합니다. 우리는 "심령이 가난한 사람"(마 5:3)이 되어야 합니다. "하나님을 대면하여 본 사람", 자신이 깨어져 부셔지기까지 그리고 자신의 심령이 십자가의 칼로 인해 갈기갈기 베임을 당하기까지 하나님과 씨름하는 사람이 되어야 합니다. 그러한 사람들만이 하나님의 부흥을 이 땅에 도래하게 할 수 있습니다. 자신의 "몸에 예수의 흔적을 가진 사람"(갈 6:17)이 되어야 합니다. 그런 사람은 십자가로 인해 죽고 다시 부활한 사람입니다. 우리는 아름다운 십자가가 우리의 심령 속에 지속적으로 흐르는 사람, 즉 자신에 대해 죽고 하나님에 대해서는 온전히 살아나는 삶을 목마르게 사모하는 사람이 되어야 합니다. 우리는 아름답고 능력있고 찬미받기에 합당한 그리스도라는 옷을 입고 하나님의 큰 군대의 일원이 되어 힘차게 일어나야 합니다. 그런 사람들은 그리스도의 신부입니다. 그런 사람들은 자신을 십자가에 못 박은 하나님의 군대입니다.

> 우리는 자기에 대해서 죽고, 하나님에 대해서는 살고자 하는 강한 열망을 갖고 살아야 합니다.

위글스워스, 휫필드, 피니, 캐서린 쿨만을 위시한 부흥을 일으킨 모든 사람들이 절룩거리는 경험을 하였습니다. 그러한 마음이 깨어지는 아픔의 체험을 하였고 십자가의 삶을 체험하였기에 그들은 부흥을 일으킬 수 있었습니다. 깨어짐과 십자가의 경험이 부흥의 핵심입니다.

하나님의 많은 아들들이 나타나게 되었다는 것은 참으로 놀랍습니다. 하나님이 아들들이 나타나게 되면, 그 결과 우리는 그분의 영광을 볼 수 있게 됩니다. 우리는 우리의 옛 삶이 죽을 때 이를 통해 하나님의 목적이 우리의 삶과 사역을 통해 표현될 수가 있습니다.

제 3 부

# 최고의 구원
Uttermost Salvation

그러므로 자기를 힘입어 하나님께 나아가는 자들을 온전히 구원하실 수 있으니 이는 그가 항상 살아서 저희를 위하여 간구하심이니라 (히 7:25)

# 최고의 구원

제 3부를 시작하는 지금, 저는 여러분들에게 스미스 위글스워스의 삶에서 일어난 놀라운 이야기를 하나 해 드리려고 합니다.

## "하늘을 조금이라도 만지기만 하면"

"저는 오늘 밤 그 어떤 일이 일어난다고 하더라도 이곳을 떠나지 않겠습니다."

부흥회가 열리기 전에 사람들은 뒷방에서 기도회를 가졌습니다. 해리 로버츠(Harry Roberts) 목사는 그 어떤 일이 일어난다고 하더라도 오늘은 절대로 기도회 장소를 떠나지 않으리라고 마음속으로 다짐하였습니다. 현재 열리고 있는 부흥회는 아주 강력하였습니다. 많은 사람들이 고침 받았고, 많은 사람들이 거듭났으며, 또한 많은 그리스도인들이 성령 세례를 받음으로 뜨거워졌습니다. 그 부흥회를 인도하고 있는 사람은 하나님께서 강력하게 사용하심으로 그 지역을 활기차게 만들고 있는 영국인인 스미스 위글스워스였습니다. 부흥회가 열리고 있을 당시, 위글스워스는 로버츠 목사의 집에 머무르고 있었는데, 그가 그 집에 머무르고 있는 동안 그 집에는 하나님의 평화와 임재가 전례 없이 강하게 임하였습니다. 로버츠 목사는 위글스워스가 자신의 집에 머무르는 동안 위글스워스와 하나님에 관해 이야기를 나눔으로 그와 좋은 교제의 체험을 하고 있었습니다. 로버츠 목사는 위글스워스가 눈에 눈물을 글썽이며 세상에서 가장 귀하게 여기는 자기의 아내를 천국으로 보냈을 때 얼마나 마음이 아팠었는지에 대해 자신에게 말해주었기 때문에, 하나님에 의해 그토록 강력하게 쓰임을 받고 있는 위글스워스가 인간적으로 아픈 일들을 겪음으로 인해 하나님을 매우 깊이 체험하였다는 사실을 알게 되었습니다.

   부흥회가 시작되기 전에 모였던 기도회는 부흥회와는 좀 달랐습니다. 매일 밤마다 있었던 기도회에서는 목사들과 장로들과 복음 전도자들 그리고 중보 기도자들이 함께 모여 기도하였습니다. 그들이 먼저 기도를 하고 있는 중에 위글스워스가 기도를 시작하였습니다. 정규교육을 제대로 받아본 적이 없는 마음이 깨어진 하나님의 사람 위글스워스의 기도는 말 그대로 하늘이 열리는 기도였습니다. 그가 기도를 시작하면 이내 기도하고 있는 방이 천국으로 가득 차곤 하였습니다. 기도 방에 하나님의 임재가 가득 차자 그 방에 있던 사람들은 자신이 죄인이란 사실을 강하게 깨달았고, 너무도 강한 힘이 그 방에서 역사하였기 때문에 사람들은 도저히 그 방 안에서 계속 머물러 있을 수가 없게 되어서, 그 방을 나가곤 하였습니다. 그러나 로버츠 목사는 오늘만은 그 어떤 일이 일어난다고 하더라도 기도회가 열리고 있는 방을 떠나지 않으리라고 다짐하고 또 다짐하였습니다.

스미스 위글스워스가 기도실에 나타났을 때 기도회는 이미 시작되었습니다. 그는 검은 양복을 입고 나타났는데, 기도실에 들어오자마자 하나님의 임재가 강하게 나타났습니다. 이윽고 그가 기도하기 시작하자, 그날도 역시 하늘이 내려와서 그 방을 가득 채우는 것이었습니다. 그러자 사람들이 기도실을 떠나기 시작하였습니다. 이 때 로버츠 목사는 마음을 다잡으며, "나는 이 방을 떠나지 않을 거야. 여기에 머무를 거야. 주님, 제발 제가 여기에 계속 머물 수 있도록 해 주세요."라고 외쳤습니다. 얼마 후 그 방에 있던 거의 모든 사람들이 나가고 단지 로버츠 목사와 위글스워스만이 남게 되었습니다. 로버츠 목사는 자신의 몸이 그 어떤 힘에 의해 방 밖으로 떠밀려지는 것을 느꼈습니다. 그는 더 이상 발로 서 있을 수가 없게 되었습니다. 그렇게 되자 그 방을 떠나지 않으려고 바닥에 누워버렸습니다. 그가 누운 곳 앞에는 나무로 만든 긴 의자가 있었습니다. 그는 자신의 몸이 방 밖으로 밀려나가지 못하도록 하기 위해 긴 의자를 꽉 붙들었습니다.

이 때 위글스워스는 방 안에 하나님의 강한 임재로 인해 몸이 밖으로 떠밀려 나가는 것을 막아보기 위해 안간힘을 다해 긴 의자를 붙잡고 버티고 있는 사람이 있다는 사실을 아는지 모르는지, 그저 하나님께 사로잡혀 기도만을 계속하고 있었습니다. 그 방 안에서는 하나님의 임재가 너무도 강했기에 아무도 서 있을 수가 없었던 것입니다.[36]

## 기름부음의 특징

위의 이야기는 위글스워스가 인도한 기도회에 참석하여 위글스워스와 함께 기도한 사람이 직접 경험하였던 놀라운 이야기입니다. 이 이야기는 위글스워스가 얼마나 깊이 십자가의 죽음을 경험한 사람인지를 말해주고 있습니다. 또한 이 이야기는 하나님께서 옛 사람을 그리스도의 십자가에 못 박은 사람(갈 5:24)을 하나님의 임재와 기름부음을 흘러 보내는 통로로 사용하실 때 어떤 일이 일어나게 되는지에 대해서도 잘 말해주고 있습니다.

성경의 고린도전서 1장 29절에는, "이는 아무 육체도 하나님 앞에서 자랑하지 못하게 하려 하심이라"라는 말씀이 있습니다. 여기서 "육체(육신)"라는 단어는 헬라어 원어 성경에는 싸륵스(sarx)로 되어있습니다. "싸륵스"라는 말은 인간의 육체적 그리고 도덕적 나약함과 인간의 열정을 포함한 인간의 육신적인 요소들을 의미합니다. 여기에 실린 위글스워스의 이야기는 육신적 요소를 제거하면 할수록 하나님이 부으시는 기름부음이 더 잘 나타나게 된다는 사실을 우리에게 잘 말해주고 있습니다.

위글스워스는 기도를 통해 하나님의 임재와 기름부음이 사람들이 있는 곳, 예를 들면 기도실이나 그가 인도하는 집회 장소에 머물도록 하였습니다. 하나님의 임재와 기름부음은 인간의 육체적 감지 능력 이상의 능력으로만 감지될 수 있습니다. 하나님의 임재와 기름부음이 강하게 임하게 되면, 하나님과 연합되지 못하도록 하는 인간적인 요소들은 더 이상 하나님의 임재와 기름부음이 임하고 있는 장소에 머무르지 못하고 그 장소를 떠나가게 됩니다. 육적인 요소들은 위글스워스가 기도하고 있는 기도의 방에 더 이상 남아 있을 수가 없었습니다. 그와 같은 강력한 기름부음이 임했기 때문에 위글스워스가 있는 장소에 있던 각종 병들과 마귀의 억누름들은 그 장소를 떠나야만 했던 것입니다.

역사상 가장 위대한 부흥을 일으킨 주역들의 사역을 통해 일어난 기적과 이사의 근본적인 요소는 바로 기름부음이었습니다. 그들 모두는 십자가로 인해 육신적인 요소들이 죽임을 당했고, 그 결과 하나님께서 그런 육을 죽인 사람들을 예수 그리스도의 부활 생명을 다른 사람들에게 흘러 보내는 통로로 사용하실 수 있었습니다. 할렐루야!

이제 스미스 위글스워스의 "최고의 구원"(Uttermost Salvation)이라고 제목 붙여진 설교로부터 그의 삶과 가르침으로 인해 일어나게 된 부흥의 요소들에 대해 공부해 봅시다.

\* \* \* \* \* \* \* \* \* \*

## 최고의 구원
### 스미스 위글스워스의 설교[37)]

심령이 가난한 자는 복이 있나니 천국이 그들의 것임이요 애통하는 자는 복이 있나니 그들이 위로를 받을 것임이요 온유한 자는 복이 있나니 그들이 땅을 기업으로 받을 것임이요 의에 주리고 목마른 자는 복이 있나니 그들이 배부를 것임이요 (마 5:3-6)

많은 사람들이 마태복음 5장에 기록된 삶은 천년 왕국 시대에나 이루어질 삶이기에 이 세상에서는 그런 삶을 살 수 없다고 생각합니다. 그런 생각을 지니고 있는 사람들은 마태복음 5장의 내용을 깊이 있게 생각하는 것을 꺼립니다. 그러나 영적으로 성숙한 사람들은 마태복음 5장에 기록된 진리를 있는 그대로 받아들여, 이 땅에서 사는 동안 어느 정도는 천국의 삶을 사는 것이 가능하다고 생각합니다. 영적으로 성숙한 그리스도인들은 어두운 세력들과의 교제를 버리고, 세상 사람들이 자신들을 알아주지 않아도 상관하지 않고 말씀대로 묵묵히 살아갑니다.

　성령 세례를 받은 뒤로, 저는 아담과 하와가 먹을 수 없었던 생명나무의 과실을 제가 먹을 수 있도록 하나님께서 허락하셨다는 사실을 알게 되었습니다. 성령이 오시면 성령님께서 저에게 그리스도를 계시해 주셔서, 이를 통해 제가 그분의 임재로 인해 하늘의 영양분을 공급받게 되고 그 결과 큰 힘과 큰 기쁨을 갖게 된다는 사실을 알게 된 것입니다. 그렇게 할 수 있도록 하여주신 그분의 이름을 찬양합니다! 성령 세례는 우리로 하여금 하나님의 전부를 다 소유할 수 있도록 해 준다는 사실을 저는 분명히 알고 있습니다. 요즘 사람들은 "오, 이것이 나에게 장차 영광이 되리. 그분의 은혜로 내가 장차 그분의 얼굴을 보게 되리."라는 노래를 자주 부릅니다. 그러나 저는 하나님이 그 노래의 가사를 아래와 같이 모두 현재형으로 바꾸어 주신대로 부릅니다.

오, 이것이 지금 나에게 영광이네,
지금 나에게 영광이네,
그분의 은혜로,
나는 지금 그분의 얼굴을 보고 있네,
이것이 지금 나에게 영광이네.

하나님께서 저에게 주신 이처럼 훌륭한 마태복음 5장으로 다시 돌아가 봅시다. 3절의 "심령이 가난한 자는 복이 있나니 천국이 그들의 것임이요"라는 말씀부터 먼저 봅시다. 여러분들이 말씀을 받아들이고 자기 자신을 주 예수 그리스도와 동일시하여 하나님과 함께 있는 삶을 살기만 하면 모든 것이 가능하게 됩니다. 즉 그렇게만 산다면 하나님의 무한한 공급을 경험하며 살 수 있습니다. 그렇게 사는 사람들은 영이 가난한 사람들이고 하나님 나라를 자신의 것으로 소유하고 사는 사람들입니다. 하나님은 우리가 연약하고, 겸손하고, 힘이 없을 때에, 자신이 가지신 모든 것을 우리에게 주십니다.

예수님께서 사마리아 지방의 수가라는 동네에 도착하셨을 때 긴 여행으로 인해 몸이 지치셨기 때문에 잠시 쉬시려고 우물곁에 앉으셨습니다(요 4:6). 이때 그의 제자들은 음식을 구하기 위해 근처의 동네로 갔기 때문에 예수님과 같이 있지 않았습니다(8절). 얼마 후 제자들이 음식을 구해서 다시 예수님께로 왔을 때, 그들은 예수님께서 평온하고도 만족한 모습을 하고 계시다는 사실을 알게 되었습니다. 예수님은 제자들이 가지고 온 음식을 찾지도 않으실 만큼 만족한 상태이셨습니다. 그래서 제자들은 서로를 쳐다보며 "누가 예수님께 먹을 것을 벌써 갖다 드렸나봐?"(33절)라고 말했습니다. 예수님의 이러한 경우에서 알 수 있듯이, 우리가 하나님 안에 있기만 하면, 다시 말해 우리가 하나님에게 푹 빠져서 살게 되면, 그 어떤 나쁜 환경 속에 있을지라도 세상적인 것들을 의식하지 않고 사는 것이 가능합니다. 예수님은 이런 상황에서 제자들을 향해, "나의 양식은 나를 보내신 이의 뜻을 행하며 그의 일을 온전히 이루는 이것이니라"(35절)라고 말씀하셨습니다. 하나님의 뜻을 행하고 이루는 것이 우리의 양식이고, 우리가 살아야 할 하나님 안에서의 영적인 삶입니다. 우리가 그런 삶을 살 때 성령님이 우리에게 기쁨을 주십니다.

그분은 우리의 영혼을 점령하려고 우리에게 오십니다. 그분은 인간의 모든 육적인 결합들을 끊으시고 우리의 육적인 요소들을 신적 요소들로 대체시키셔서, 우리의 거룩하지 않은 것들을 거룩한 것들로 바꾸어 주시고 인간의 능력으로만 살아가던 삶을 믿음의 눈으로 살아가도록 바꾸어 주십니다. 육적인 존재로 살아가기를 포기할 때 우리 안에 계신 하나님의 아들이 우리를 통해 강력하게 역사하십니다. 진정한 의미에서 이 세상 사람들은 우리를 도와줄 수 없습니다. 그러나 마태복음 5장에 나와 있는 예수님의 산상 수훈대로, 우리가 가난한 심령을 갖게 된다면 하나님이 직접 우리를 도와주십니다.

영혼 속으로 하나님의 빛이 비추어지는 정결함의 영적 분위기가 가득한 삶을 살아야 합니다. 오, 이 얼마나 최고의 구원인지요!(히 7:25) 여러분들이 하나님의 아들을 알게 되는 것을 볼 때 저의 마음은 매우 기쁩니다. 여러분들이 하나님의 아들을 알게 되어야 더 이상 연약해지지 않습니다.

이제 마태복음의 5장 4절의 "애통하는 자는 복이 있나니 그들이 위로를 받을 것임이요"라는 말씀을 봅시다. 예수님께서 여기서 "애통"이라는 단어를 쓰셨을 때, 죽은 사람을 앞에 놓고 우는 것과 같은 "애통"을 뜻하셨을까요? 그렇지 않습니다. 예수님은 하늘을 만져본 적이 없는 사람들을 바라보며 슬퍼하거나, 영적인 삶에 관해 전혀 모르는 사람을 바라보며 마음 아파하는 사람(애통하는 사람)은 복이 있다는 의미에서 "애통"이라는 단어를 사용하셨습니다. 만일 우리가 하나님의 능력이 역사함으로 모든 사람들이 구원을 받게 해 달라고 울면서 기도한다면 그분은 반드시 그렇게 기도하는 모든 사람과 그 사람이 속한 가정에 부흥을 부어주실 것입니다.

만일 하나님께서 우리에게 "내가 너를 위로하노라."라고 말씀해주심으로 우리를 위로해주시지 않으신다면 우리는 잃어버린 영혼들을 향해 울 수 없습니다. 설령 하나님께서 당신에게 잃어버린 영혼을 향해 울 수 있는 마음을 주셨다고 하더라도, 당신 자신은 실패의 삶을 살아갈 수 있습니다. 사랑하는 여러분들이여, 우리 속에 있는 하나님의 능력이 모든 것의 관건입니다. 하나님께서 우리에게 잃어버린 영혼들을 보고 울 수 있는 마음을 주시고 소위 그리스도인이라고 불리는 사람들의 삶이 옳지 못한 것을 보고 슬퍼할 수 있는 마음을 주신다면, 무엇보다도 먼저 애통하는 마음을 가지고 하나님의 임재 안으로 들어가십시오. 하나님의 임재 없이는 아무 일도 일어나지 않습니다. 하나님께서 당신을 하나님의 임재 안으로 들어가게 하시거든 기뻐하십시오. 왜냐하면 당신에게 그 어떤 좋은 일이 일어나게 될 것이기 때문입니다.

하나님께서는 여러분들이 지금 현재에 기뻐하기를 원하십니다. 그분께서 우리를 축복된 장소로 이끄시면, 슬퍼하고 있었을 지라도 결국은 기뻐하게 됩니다.

이제 5절의 "온유한 자는 복이 있나니 그들이 땅을 기업으로 받을 것임이요"라는 말씀으로 가봅시다. 여러분들 중에 어떤 분들은 "저에게 온유하라고 하지 마십시오. 저는 절대로 온유해질 수 없는 사람입니다."라고 하실 분들이 계실 것입니다. 모세의 경우를 살펴봅시다. 모세가 애굽 사람을 죽였을 당시 그는 분명 온유한 사람이 아니었습니다. 그러나 하나님께서 모세를 미디안 땅으로 보내셔서, 그를 새로운 사람으로 빚으셨고 그 결과 그는 이 세상에서 가장 온유한 사람이 되었습니다. 만일 여러분들이 하늘을 조금만이라도 만지게 된다면, 하나님은 당신을 이 세상에서 가장 온유한 사람으로 만드실 수 있습니다.

저도 한때는 성질이 못되어서 화를 참지 못해 몸을 부르르 떨곤 하던 적이 자주 있었습니다. 악한 능력들이 저를 그토록 화나게 만들었던 것이지요. 그러던 중 저는 그러한 나쁜 성격들이 저에게 백해무익하다는 사실을 깊이 깨닫게 되었습니다. 그러한 성격들은 내 안에서 자라나야 할 필요성이 전혀 없는 나쁜 성격들이었습니다. 제가 그렇게 나쁜 성격들을 갖고 살아가고 있던 어느 날 집회에 참석했다가 하나님의 능력이 저에게 떨어지자 제가 바닥에 쓰러졌습니다. 이때 저는 주님 앞에서 넘어졌습니다. 그것을 보고 사람들이 "위글스워스는 무슨 죄를 지었기에 저렇게 쓰러지지?"라며 의아해 했습니다. 이런 일은 거의 두 주간이나 계속되었습니다. 제가 교회 설교 강단 쪽으로 나갈 때마다 하나님께서는 저를 덮으셔서 저의 무능함을 확실히 알게 하셨기 때문에 저는 하나님 앞에 몸을 낮추어 울고 또 울었습니다. 그런 저를 보고 애통하는 마음을 갖게 된 설교자와 교회 지도자들이 저에게 가까이 다가왔습니다. 그런 식으로 해서, 하나님께서 저의 심령에 부흥을 일으키기 시작하셨습니다. 하나님께서 저를 깨심으로 제 안에서 먼저 부흥이 일어나게 하신 것입니다. 오, 이 얼마나 사랑스러운 일인지요! 그런 일이 일어나자 저의 성격이 좋게 변하게 되었습니다. 그리고 그런 저를 보고 저의 아내는 마침내, "제 남편이 하나님의 만지심을 경험하고 난 이후로, 저는 음식을 너무 차갑게 만들거나 너무 뜨겁게 만들어서 남편의 기분을 상하게 한 적이 한 번도 없었습니다."라고 말하기까지 하였습니다.

하나님만이 사람들을 바르게 해 주실 수 있습니다. 녹아있는 금만이 형태를 갖출 수 있습니다. 수분을 머금은 진흙이 되어야만 토기장이의 손에서 귀한 그릇으로 빚어질 수 있습니다. 물렁물렁해진 초만이 구멍을 메우는데 사용되어질 수 있습니다. 깨어져서 상한 심령을 소유해야만 하나님께서 우리를 쓸 만한 그릇으로 빚으실 수 있습니다. 오, 주님, 우리가 온유한 사람으로 빚어질 수 있는 사람이 될 수 있도록 해 주십시오.

마태복음 5장은 정말 축복의 장이라고 아니할 수 없습니다. 성령이 해석해 주시는 산상 수훈은 참으로 사랑스럽습니다. "의에 주리고 목마른 자는 복이 있나니 그들이 배부를 것입니다"(마 5:6). 네, 주님, 그렇습니다! 주님을 찬양합니다. 하나님, 당신께서는 우리를 배부르게 채워주시는 것에 있어서 절대로 실패하지 않으시는 분이십니다. 하나님께서 우리 속에 의를 위해 배고프고 목마른 사람이 되게 해 주시지 않으시면 우리는 절대로 의를 위해 배고프고 목마른 사람이 될 수가 없습니다. 여기서 말하고 있는 의는 예수님의 의라는 사실을 여러분은 반드시 알고 있어야 합니다.

요한일서 5장 4-5절에 보면, "무릇 하나님께로부터 난 자마다 세상을 이기느니라. 세상을 이기는 승리는 이것이니 우리의 믿음이니라. 예수께서 하나님의 아들이심을 믿는 자가 아니면 세상을 이기는 자가 누구냐?"라는 말씀이 기록되어 있습니다. 마태복음 5장 6절에서 말하고 있는 "의"(righteousness)는 우리의 힘을 갖고 우리 스스로 살아가는 것을 말하지 않습니다. 우리는 간혹 사람들이, "저는 이제까지 그 누구에게도 나쁜 짓을 한 적이 없습니다. 제 삶은 제가 책임지고 이제껏 올바르게 살아왔습니다."라고 말합니다. 이러한 삶은 육에 속한 삶입니다. 성경에 "예수 안에 있는 생명의 성령의 법"(롬 8:2)이란 표현이 있습니다. 우리는 예수님만이 우리의 완전한 의가 되신다는 사실을 알아야 합니다. 그분께서는 하나님의 능력을 갖고 이 땅에 오셨습니다.

> 율법이 육신으로 말미암아 연약하여 할 수 없는 그것을 하나님은 하시나니 곧 죄로 말미암아 자기 아들을 죄 있는 육신의 모양으로 보내어 육신에 죄를 정하사 (롬 8:3)

우리가 예수님의 의를 갖게 되면, 우리의 죄가 사멸됩니다. 히브리서 1장 9절에 보면, "네가 의를 사랑하고 불법을 미워하였으니 그러므로 하나님 곧 너의 하나님이 즐거움의 기름을 네게 주어 네 동류들보다 승하게 하셨도다."라는 참으로 놀라운 말씀이 기록되어 있습니다.

여러분이 하늘의 최고의 것을 만지는 경험을 하게 되면, 이로 인해 여러분은 절대로 그 상태로 머물러 있지 않고 오히려 하늘의 것들을 더 만지고 더 경험하는 것에 대해 목말라하고 배고파하게 됩니다. 여러분 속에 있는 하나님의 그 어떤 요소들이 여러분으로 하여금 자신을 먼저 온전히 비우게 한 후, 그 비워진 공간을 하나님이 주시고자 하는 것들로 다시 채워주게 하는 것입니다. 여기서 말하고 있는 "의"는 하나님과 함께 걷는 것입니다. "의"는 다른 말로 하면, 성령을 마시고 그분의 축복으로 계속 흘러넘치도록 채워지기 전까지는 절대로 만족하지 못하기에 그분의 얼굴을 바라보는 것입니다. 그리스도의 "의"를 소유하지 않고서는 인간은 절대로 만족한 상태에 이를 수 없습니다. 인간이 만족한 상태에 이르지 못하는 것의 책임은 하나님 쪽에 있는 것이 아니라 인간 쪽에 있습니다. 인간이 만족한 상태에 이를 수 있는 방법은 오직 인간 쪽에서 그분을 소유하는 방법밖에는 없습니다. 우리가 그분을 소유하면 우리는 모든 것을 소유한 것이 됩니다.

저는 하나님께서 여러분들을 자신에 대해서는 죽고 주님의 의에 대해서는 살게 되도록 해 주시기를 기도합니다. 그렇게 되어야 성령 안에서 하나님을 기쁘게 해 드릴 수 있습니다. 그렇게 되어야, 하나님께서 우리에게 주신 마태복음 5장 7절의 "긍휼히 여기는 자는 복이 있나니 그들이 긍휼히 여김을 받을 것임이요"라는 말씀을 이해할 수 있게 됩니다.

남을 긍휼이 여기지 않는 사람은 절대로 영적인 사람일 수 없습니다. 긍휼이 여기는 것은 세상의 법칙을 뛰어넘어서 존재하는 것입니다. 우리는 자비에 대해 말할 수도 있고, 사람들을 친절하고 상냥하게 대하며 살아보려고도 할 수 있습니다. 그리고 어떤 사람들은 다른 사람들에게 그렇게 대함으로 사람들로부터 존경을 받기도 합니다. 사랑하는 여러분들이여, 우리가 사람들을 친절하게 대하며 살아야 하지만, 사실은 그 이상이어야 합니다. 다시 말하면, 우리는 그분께서 우리를 채워주시기 전까지 진정한 의미에서의 긍휼히 여김(자비, mercy)이 무엇인지 모릅니다. 저의 주님은 축복의 주님이십니다! 그분과 같은 분이 어디 있겠습니까? 주님처럼 귀하시고, 아름다우시고, 자기희생적인 분을 감히 생각이나 해 볼 수 있단 말입니까? 남들을 "긍휼히 여기는 자는 복이 있습니다." 가난한 영혼들에게 부요함을 주기 위해서는 먼저 천국의 부요함을 갖고 있어야 합니다. 여러분이 주님으로 채워져 있다면 여러분은 남들에게 자비의 사람이 되지 않을 수가 없습니다. 사탄의 움직임을 차단하고, 악에 눌린 사람들을 자유롭게 해 주고, 힘없는 사람에게 힘을 주는 하늘의 자비로운 만지심을 경험해보지 못한 사람이 능력이 수반되는 성령 세례를 받았다고 말할 수는 절대로 없습니다. 하나님은 자비로운 하늘로 우리를 만져주시기를 원하십니다. 오, 하늘이 우리를 향해 허리를 굽혀 그분이 우리를 만져주시고, 그분의 영광을 사모하고 그분의 능력을 사모하는 우리의 간절한 내적 울부짖음을 채워주시면 참으로 좋겠습니다!

자비가 더 큰 자비를 부른다는 것은 놀라운 진리입니다. 자비의 삶이란 어떤 삶입니까? 자비를 베풀며 살아가는 영적 삶은 하나님의 축복으로 채워진 후 누르고 흔들어 흘러넘칠 때까지 다시 채워지는 삶입니다(누가복음 6장 38절을 보십시오). 이러한 하늘의 채우심이 있는 삶은 복된 삶입니다. 이런 삶은 이 세상의 그 어떤 삶보다 달콤하고 귀한 삶입니다. 오늘 이 아침 이 시간에, 저는 새 포도주로 흘러넘치게 부어지고 있습니다. 하나님은 여러분들에게도 저에게 일어나고 있는 일과 같은 일이 일어나게 되기를 바라십니다. 여러분들이 그런 경험을 하게 되면 마음이 짜릿해 집니다. 지금 여기에 계신 분들이 모두 그러한 천국을 온전히 경험하게 되었으면 참으로 좋겠습니다!

저는 목마른 영을 가진 여러분들이 그분의 도움을 받기 위해 지금 "(그분의) 은혜의 보좌 앞에 담대히 나아갈 것"(히 4:60)을 간절히 권합니다. 그분의 보좌로 나아가십시오. 그러면 그분이 여러분에게 축복을 주실 것입니다.

\* \* \* \* \* \* \* \* \*

## 핵심 #1
## 숨겨져 있는 만나

예수님께서 사마리아 지방의 수가라는 동네에 도착하셨을 때 긴 여행으로 인해 몸이 지치셨기 때문에 잠시 쉬시려고 우물곁에 앉으셨습니다(요 4:6). 이때 그의 제자들은 음식을 구하기 위해 근처의 동네로 갔기 때문에 예수님과 같이 있지 않았습니다(8절). 얼마 후 제자들이 음식을 구해서 다시 예수님께로 왔을 때, 그들은 예수님께서 평온하고도 만족한 모습을 하고 계시다는 사실을 알게 되었습니다. 예수님은 제자들이 가지고 온 음식을 찾지도 않으실 만큼 만족한 상태이셨습니다. 그래서 제자들은 서로를 쳐다보며 "누가 예수님께 먹을 것을 벌써 갖다 드렸나봐?"(33절)라고 말했습니다. 예수님의 이러한 경우에서 알 수 있듯이, 우리가 하나님 안에 있기만 하면, 다시 말해 우리가 하나님에게 푹 빠져서 살게 되면, 그 어떤 나쁜 환경 속에 있을지라도 세상적인 것들을 의식하지 않고 사는 것이 가능합니다. 예수님은 이런 상황에서 제자들을 향해, "나의 양식은 나를 보내신 이의 뜻을 행하며 그의 일을 온전히 이루는 이것이니라"(35절)라고 말씀하셨습니다. 하나님의 뜻을 행하고 이루는 것이 우리의 양식이고, 우리가 살아야 할 하나님 안에서의 영적인 삶입니다. 우리가 그런 삶을 살 때 성령님이 우리에게 기쁨을 주십니다.

우리 안에 그리스도의 성품이 있다는 것은 우리 안에 "그리스도… 곧 영광의 소망"(골 1:27)이 있다는 것을 증명하는 것이고, 이것이 바로 하나님 안에서 살아가는 사람들의 삶의 근본이 되는 것입니다. 그리스도의 성품을 갖고 있다는 것은 하나님에게 흡수되어지는 것을 말합니다. 그리고 또한 이것이 우리를 영혼의 대 추수로 인도합니다. 이것이 남자와 여자, 청년들과 젊은 여자들을 그리스도에게로 인도합니다. 예수님을 새롭게 하였던 음식(요 4:43, 34)은 육신을 채워주는 음식이 아니라 하나님 안에서 삶을 살찌게 해 주는 영을 채워주고 성령 안에서 기쁨을 주는 영의 음식입니다. 여러분은 예수님께서 육신이 지치셨던 것처럼, 인생을 살아가는 동안 육체의 지침을 경험할 수가 있습니다. 이때 추수할 터를 바라봄으로 새롭게 됨을 경험하십시오. 그 추수 밭에 주님의 말씀을 가지고 감으로 새롭게 됨을 경험하십시오. 우리가 먹어야 할 내적 양식은 하나님의 갈씀입니다.

하나님에게 푹 빠져서 살아가야 합니다. 위글스워스가 그랬던 것처럼 항상 영혼들을 추수하며 살아야 합니다. "하나님에게 푹 빠져서 살게 되면, 그 어떤 나쁜 환경 속에 있을지라도 세상적인 것들을 의식하지 않고 사는 것이 가능하게 됩니다." 이것이 우리를 새롭게 해 줍니다. 이것이 하나님의 자녀들이 경험하며 살아야 할 삶의

> 영혼의 추수 밭에
> 하나님의 말씀을
> 가지고 감으로
> 우리의 내면이
> 새롭게 채워지게 됩니다.

본질입니다. 우리와 교제하시는 성령님은 잃어버린 영혼들을 하나님의 나라로 들어가도록 하는 일에 우리와 함께 사역하십니다.

위글스워스 자신이 언급한 바와 같이 그는 삶의 첫 단계부터 이러한 영의 양식을 먹음으로 하나님 안에서의 영적인 삶을 살아갈 수 있었습니다. 이러한 삶이 다른 사람들을 그리스도에게로 인도합니다. 위글스워스가 하나님 안에서 능력의 삶을 살아가게 한 가장 큰 진리가 무엇인지에 대해 제가 여러분들에게 말해드리겠습니다. 그것은 바로 그가 소년이었을 때부터 잃어버린 영혼들을 구원하고 싶어 하시는 하나님의 심장 박동 소리를 들었다는 것입니다. 영혼들을 구하는 것이 위글스워스의 삶이었고, 양식이었고, 음료였습니다. 위글스워스는 어떤 상황에 처해 있든지 어디에 있든지 항상 영혼들을 추수하였습니다. 그는 영혼들을 구원하시고자 하시는 하나님의 계획이라는 스위치를 상황에 따라 자기 마음대로 껐다 켰다 하지 않았습니다. 영혼들을 구하는 것은 그의 직업이 아니었기에 그는 영혼들을 구하는 일에 휴가를 내지도 않았습니다. 영혼을 구하는 일은 그의 삶의 일부였기에 그에게서 분리되어질 수 없었습니다. 그의 존재와 삶에서 영혼을 구하는 일은 항시 흘러나오는 물과 같았습니다. 위글스워스의 삶은 오직 하나님이 하시는 것을 그 자신도 함으로서 유지되었던 삶이었습니다. 그의 가장 큰 소망은 그리스도를 위하여 잃어버린 영혼들을 구하는 것이었습니다.

## 그리스도를 향한 사랑으로부터
## 부흥과 추수는 흘러나온다

내면의 부흥을 경험한 사람들은 반드시 영혼들을 추수하게 됩니다. 왜냐하면 하나님과의 수직적인 관계를 잘하면 할수록, 다른 사람들과의 수평적인 관계가 강해지기 때문입니다. 우리의 수직적인 사랑이 크면 클수록 우리의 수평적인 사랑도 커집니다. 예수님의 "너희는 가서 모든 족속으로 제자를 삼으라"(마 28:19)는 말씀은 권면의 말이 아니라 명령의 말입니다. 그러나 그분의 이 명령은 우리가 지켜야 할 율법이 아니라, 우리가 그리스도를 사랑하기 때문에 반드시 수행해야 할 명령입니다.

예수님의 이 명령은 율법으로서의 명령이 아니라는 점을 우리는 확실히 알고 있어야 합니다. 예수님은 율법의 요구를 온전하게 하시려고 우리에게 오셨기 때문에(마 5:17), 더 무거운 명령과 규칙과 규율들로 우리를 짐지게 하신 것이 아니라, 오히려 우리를 "율법의 저주"(갈 3:13)에서 자유하게 해 주셨습니다. 여러분들 중에는 "그분께서 우리에게, '사람이 나를 사랑하면 내 말을 지켜야 한다.' (요 14:23)는 명령의 말씀을 하지 않으셨습니까?"라고 물으실 것입니다.

그분께서 그런 명령의 말씀을 하신 것은 율법의 요구를 다 이루어 놓기 위해서 이 세상에 오셨다는 사실에 근거하셨기 때문입니다. "우리의 소망이신 그리스도"(골 1:27) 그분이 우리 속에 계시기 때문에 우리는 율법의 요구를 들어주지 않아도 됩니다.

이러한 진리는 위글스워스가 한 말 속에서도 찾아볼 수 있습니다. 위글스워스는 "우리가 (예수로 인해) 거룩해지는 것이 쉬운 것이 듯이 모든 족속으로 제자를 삼으라는 주님의 명령에 순종하는 것은 쉬운 것입니다."38)라고 말했습니다. 예수님께서 십자가를 통해 다 이루어 놓으셨기 때문에, 우리의 삶을 주님의 삶으로 바꾸어 살고, 우리의 능력으로 살지 않고 그분의 능력으로 사는 것은 쉬운 것입니다. 그러므로 어떻게 우리가 그분의 명령에 순종하면서 살 수 있는가를 물어야 할 문제가 아닙니다. 그저 단순히 순종하면서 살면 되는 것입니다.

**그분의 명령 안에 우리가 순종할 수 있는 능력이 숨어 있습니다.**

제가 이것에 관해 더 설명해보겠습니다. 예수님께서는 "만일 너희들이 나를 사랑한다면, 나의 명령과 나의 말에 순종함으로 나를 사랑한다는 사실을 증명해보아라."라고 말씀하시지 않으셨습니다. 만일 그렇게 말씀하셨다면, 우리는 다시 율법에 묶여 살게 됩니다. 영혼들을 추수하라는 예수님의 명령에 순종할 수 있는 힘은 그분의 그런 명령 속에 다 들어있습니다. 예수님이 말씀하시는 바는 "만일 너희들이 나를 사랑한다면, 너희들은 나의 명령에 그냥 순종하며 살게 될 것이다"라는 것입니다. 그 이유는 우리가 그분을 사랑함이 너무도 크기에 우리는 그분과 하나가 될 것이고, 그 결과 그분의 바람이 곧 우리의 바람이 될 것이기 때문입니다. 그분의 소망, 그분의 능력,

그분의 힘이 곧 우리의 것이 되기 때문입니다. 그러므로 우리는 영혼을 구원하라는 그분의 명령에 순종하는 삶을 살아갈 수밖에 없게 됩니다.

우리가 진정으로 그분을 사랑하면, 우리는 "너희는 온 천하에 다니며 만민에게 복음을 전파하라"(막 16:15)는 주님의 명령을 행할 수밖에 없습니다. 왜냐하면 그 말씀이 바로 우리의 "양식"(요 4:34)이기 때문이고 우리 속에 있는 그분과 우리가 하나됨을 유지하도록 해 주는 자양분이기 때문입니다.

너무 많은 설교가들이 교인들에게 나가서 복음을 전하라고 설교합니다. 복음을 잘 전하는 교인들이 되도록 하기 위해 만들어진 훈련 프로그램과 전도 방법들이 많이 있고, 이것에 관한 책들도 많이 출판되어 있습니다. 그러나 이러한 프로그램들을 아무리 해 봐도 결국은 사도행전 17장 34절에서와 같이 단지 몇 사람만이 예수를 믿을 뿐입니다. 그 이유는 사람들이 예수님의 땅 끝까지 복음을 전하라는 지상 최대의 명령을 이루기 위해, 그 명령 자체에 포함된 능력과 은혜, 즉 예수님의 십자가로 인해 이미 우리 것이 되어버린 놀라운 능력과 은혜를 힘입지 않고, 단지 그 명령을 율법으로 받아들여 인간의 힘으로 이루어 보려고 하기 때문입니다.

## 하늘에서 내린 떡은 당신 것이다

나의 형제자매들이여, "하늘에서 내린 떡"(요 6:32)은 당신 것입니다. 그 떡은 바로 하나님 나라의 일입니다. 그 떡은 바로 여러분의 속사람을 지탱해 주는 것입니다. 그리고 또한 그 떡이 성경이 말하는 감추어진 생명 안에 있는 "감추어진 만나"입니다.

> … 이기는 그에게는 내가 감추었던 만나를 주고… (계 2:17)

> 이는 너희가 죽었고 너희 생명이 그리스도와 함께 하나님 안에 감추어졌음이라 (골 3:3)

우리는 위의 성경 말씀이 말하고 있는 생명을 발견해야 합니다. 우리는 우리가 그토록 찾아 왔던 숨겨진 만나를 찾을 수 있습니다. 우리는 많은 사람들을 신랑되신 예수에게로 인도할 수 있습니다.

## 핵심 #2
## 심령이 가난함

그분은 우리의 영혼을 점령하려고 우리에게 오십니다. 그분은 인간의 모든 육적인 결합들을 끊으시고 우리의 육적인 요소들을 신적 요소들로 대체시키셔서, 우리의 거룩하지 않은 것들을 거룩한 것들로 바꾸어 주시고 인간의 능력으로만 살아가던 삶을 믿음의 눈으로 살아가도록 바꾸어 주십니다. 육적인 존재로 살아가기를 포기할 때 우리 안에 계신 하나님의 아들이 우리를 통해 강력하게 역사하십니다. 진정한 의미에서 이 세상 사람들은 우리를 도와 줄 수 없습니다. 그러나 마태복음 5장에 나와 있는 예수님의 산상 수훈대로, 우리가 가난한 심령을 갖게 된다면 하나님이 직접 우리를 도와주십니다.

영혼 속으로 하나님의 빛이 비추어지는 정결함의 영적 분위기가 가득한 삶을 살아야 합니다. 오, 이 얼마나 최고의 구원인지요!(히 7:25)

"가난한 심령이 될 때에만 하나님이 우리를 도와주십니다." 하나님께서 여러분들을 도와주심으로 "심령이 가난하다"(마 5:3)는 말이 뜻하는 바를 잘 깨닫게 되기를 간절히 원합니다. 가난한 심령이 부흥의 첫째 요소입니다. 그 무엇이 되기를 포기할수록 우리의 심령은 더욱 더 가난해집니다. 심령이 가난하게 된다는 것은 참으로 아름다운 것입니다.

## 물로 나아감

너희 목마른 자들아 물로 나아오라 돈 없는 자도 오라 너희는 와서 사 먹되 돈 없이 값없이 와서 포도주와 젖을 사라 너희가 어찌하여 양식 아닌 것을 위하여 은을 달아 주며 배부르게 못할 것을 위하여 수고하느냐? 나를 청종하라 그리하면 너희가 좋은 것을 먹을 것이며 너희 마음이 기름진 것으로 즐거움을 얻으리라 (사 55:1-2)

목마른 자들로 하여금 물 있는 곳으로 나아가 물을 마실 수 있도록 하십시오. 돈이 없는 자들로 하여금 사서 먹을 수 있도록 하십시오. 오직 목마른 자들만이 하나님의 샘물에서 목을 적시고 싶어 합니다. 자기 속에 하나님이 귀히 여길 만한 것이 하나도 없다는 사실을 깨닫는 자들만이, 자신의 무능을 철저히 깨달은 자들만이 하나님을 의지하게 되고 그분이 "감추어 놓으신 만나"(계 2:17)를 찾아 먹게 됩니다. 그 이유는 그리스도의 신부인 속사람이 그리스도와 결혼하게 되면 그분에게만 전적으로 의존하는 삶, 그분과 하나 되는 삶을 살아가기 때문입니다.

## "가졌다"고 생각하면 잃어버린 것이다

라오디게아 교회의 사자에게 편지하라 아멘이시요 충성되고 참된 증인이시요 하나님의 창조의 근본이신 이가 이르시되 내가 네 행위를 아노니 네가 차지도 아니하고 뜨겁지도 아니하도다 네가 차든지 뜨겁든지 하기를 원하노라 네가 이같이 미지근하여 뜨겁지도 아니하고 차지도 아니하니 내 입에서 너를 토하여 버리리라. 네가 말하기를 나는 부자라 부요하여 부족한 것이 없다 하나 네 곤고한 것과 가련한 것과 가난한 것과 눈 먼 것과 벌거벗은 것을 알지 못하는도다 내가 너를 권하노니 내게서 불로 연단한 금을 사서 부요하게 하고 흰 옷을 사서 입어 벌거벗은 수치를 보이지 않게 하고 안약을 사서 눈에 발라 보게 하라 무릇 내가 사랑하는 자를 책망하여 징계하노니 그러므로 네가 열심을 내라 회개하라 볼지어다 내가 문 밖에 서서 두드리노니 누구든지 내 음성을 듣고 문을 열면 내가 그에게로 들어가 그와 더불어 먹고 그는 나와 더불어 먹으리라 이기는 그에게는 내가 내 보좌에 함께 앉게 하여 주기를 내가 이기고 아버지 보좌에 함께 앉은 것과 같이 하리라 귀 있는 자는 성령이 교회들에게 하시는 말씀을 들을지어다 (계 3: 14-22)

라오디게아 교회에는 자칭 부자라고 하는 사람들이 많았습니다. 그들은 자신들에게 부족한 것은 전혀 없다고 생각하였습니다. 그들은 가진 것이 많았던 사람들이였지만 실제로는 눈이 먼 사람들이었습니다. 위에 적혀 있는 성경 말씀은 영적으로 풀어야 옳습니다. "이제 나는 영적으로 어느 정도의 수준에 이르렀어."라고 말하거나 "영적으로 난 부족한 것이 없어"라고 생각하는 사람이 오늘날의 라오디게아 교회의 교인들에게 해당하는 사람들입니다. 그런 사람들은 자신들의 태도 자체가 자신들이 "곤고한 것과 가련한 것과 가난한 것과 눈 먼 것과 벌거벗은 것"(계 3:17)을 말해준다는 사실을 모르는 사람들입니다.

우리가 가졌다고 생각하면 사실 잃어버린 것입니다. 성경은 "만일 누구든지 무엇을 아는 줄로 생각하면 아직도 마땅히 알 것을 알지 못하는 것이요"(고전 8:2)라고 말하고 있습니다. 영적으로 부요하다고 생각하는 순간 우리는 영적으로 빈곤한 자요, 비참한 자입니다. 왜냐하면 그렇게 생각하는 순간 우리는 육의 사람으로 회귀하기 때문입니다. 자신의 능력에 대해 신뢰하는 순간 눈 먼 사람이 됩니다. 그분으로 충분히 옷 입었다고 생각하는 순간에 우리는 벌거벗은 사람이 됩니다. 이런 식으로 생각하는 것은 모두 육의 사람에게서 나온 것입니다. 속사람은 절대로 이런 식으로 생각하지 않습니다. 영의 사람(속사람, inner man)은 심령이 가난하기 때문입니다(마 5:3).

## 그분의 부요함을 즐거워하는 자가 되라

내가 너를 권하노니 내게서 불로 연단한 금을 사서 부요하게 하고 흰 옷을 사서 입어 벌거벗은 수치를 보이지 않게 하고 안약을 사서 눈에 발라 보게 하라 (계 3:18)

우리가 어떻게 해야 금을 살 수 있고, 옷을 살 수 있고, 안약을 살 수 있을까요? 우리가 하나님께 어떻게 해야 이런 것들을 살 수 있을까요? 그분의 아름다운 의의 옷, 그분의 "빛나고 깨끗한 세마포"(계 19:8) 옷을 입기 위해 그리고 천국에 간직되어 있는 없어지지 않는 귀한 보물들을 얻기 위해, "불로 연단된 금"을 얻기 위해 우리가 해야 할 일은 무엇일까요? 그런 것들을 하나님으로부터 사기 위해 그분께 무엇을 갖고 가야 할까요? 그 어떤 경우이건, 그분에게 전적으로 의지하는 것으로만 그런 것들을 살 수 있습니다.

위글스워스가 거듭 언급하였듯이, 우리가 더 이상 어찌할 수 없는 상태(helplessness)에 도달하는 방법 밖에 없습니다. 캐서린 쿨만(Kathryn Kuhlman)은 "나의 형제들이여, 여러분들은 이제껏 애쓰고 노력했습니다… 그러나 이제는 그러한 노력을 중지하고 포기하십시오."라고 말했습니다.39) 그녀가 그렇게 말할 수 있었던 것은 그녀는 속사람의 삶을 살았기 때문입니다. 그리스도의 신부는 자신의 무능을 깨달은 사람입니다. 캐서린 쿨만은 그리스도의 참 신부이었기에, 그분이 원하시는 것만을 원하였습니다. 그녀는 그녀의 신랑 되신 그분에게 전적으로 의존하였기에 자기 자신이라는 존재가 없었습니다. 그녀는 오직 그분 안에서만 안전함을 느꼈습니다. 그녀는 그의 이름만 품고 다녔고, 그 다른 어떤 이름은 알지 못했습니다. 그녀는 자신의 무능함을 철저히 깨달았기에 오직 그분의 힘으로만 살았습니다.

> 너희 목마른 자들아 물로 나아오라 돈 없는 자도 오라 너희는 와서 사 먹되 돈 없이 값없이 와서 포도주와 젖을 사라 너희가 어찌하여 양식 아닌 것을 위하여 은을 달아 주며 배부르게 못할 것을 위하여 수고하느냐? 나를 청종하라 그리하면 너희가 좋은 것을 먹을 것이며 너희 마음이 기름진 것으로 즐거움을 얻으리라 (사 55:1-2)

그분과 그분의 사랑에 대해 목마른 사람이 되어야 합니다. 심령이 가난하여서(마 5:3) 그분께 드릴만한 것이 하나도 없기에 그분에게 의존적이 되어 살아가는 것밖에는 다른 도리가 없어야 합니다. 오, 나의 형제자매 여러분들이여, 우리는 그 동안 양식이 아닌 것을 위하여 너무 애써왔으며 우리를 만족하게 하지 못할 것을 위하여 너무 많이 노력을 기울였습니다.

## 그분의 영광 안에서 그분을 뵈옵는 것이 우리의 소망이다

그분은 우리의 영혼을 점령하려고 우리에게 오십니다. 그분은 인간의 모든 육적인 결합들을 끊으시고 우리의 육적인 요소들을 신적 요소들로 대체시키셔서, 우리의 거룩하지 않은 것들을 거룩한 것들로 바꾸시고, 인간의 지각으로 살아가던 삶을 믿음의 눈으로 살아가도록 바꾸십니다.

그분은 우리가 그리스도의 신부로서 온전히 살아갈 수 있도록 하시기 위해, 우리의 마음을 빼앗기 위해, 우리에게 하늘의 감추어진 만나의 양식을 주시기 위해, "돈없이 값없이 살 수 있는 포도주와 젖"(사 55:1)을 주시기 위해 우리에게 오십니다. 그분은 "깨끗하고 밝게 빛나는 세마포"(계 19:8)로 우리를 입혀 주시기 위해, 눈에 기름을 발라주심으로 우리의 감겨진 눈이 떠져서 우리로 그분의 영광을 볼 수 있도록 하시기 위해 우리에게 오십니다. 우리가 할 것은 단지 그분에 대해 의존적이 되는 것뿐입니다. 그분은 우리가 심령이 가난한 사람이 되기를 원하십니다. 신약성경에 나와 있는 바와 같이, 예수님이 제일 먼저 가르치신 것이 바로 이러한 진리들입니다(마태복음 5장 2-3절을 보십시오). 이러한 가르침들은 우리의 삶에 초석이 되는 가르침입니다. 우리가 그분에게 의존적이 될 때 우리는 우리의 신랑이신 그분의 우리를 향하신 소원을 이루어드릴 수 있게 되는 것입니다.

**예수님은 우리가 그리스도의 신부로서 온전히 살아갈 수 있도록 하시기 위해 우리에게 오십니다.**

## 핵심 #3
## 속사람의 울부짖음

예수님께서 "애통하는 자는 복이 있나니 그들이 위로를 받을 것임이요"라고 말씀하셨을 때, 죽은 사람을 앞에 놓고 우는 것과 같은 "애통"을 뜻하셨을까요? 그렇지 않습니다. 예수님은 하늘을 만져본 적이 없는 사람들을 바라보며 슬퍼하거나, 영적인 삶에 관해 전혀 모르는 사람을 바라보며 마음 아파하는 사람(애통하는 사람)은 복이 있다는 의미에서 "애통"이라는 단어를 사용하셨습니다. 만일 우리가 하나님의 능력이 역사함으로 모든 사람들이 구원을 받게 해 달라고 울면서 기도한다면 그분은 반드시 그렇게 기도하는 모든 사람과 그 사람이 속한 가정에 부흥을 부어주실 것입니다.

많은 사람들이 바울은 위대한 사도, 위대한 설교가, 위대한 복음 전도자, 위대한 저술가였다고 생각합니다. 그러나 우리가 바울의 편지를 자세히 살펴보면, 바울은 이러한 위대한 점 외에 남을 위해 기도하는 위대한 기도의 사람이었음을 잘 알 수 있습니다. 서신서들에 나타난 그의 기도의 삶을 살펴보면, 그가 울면서 기도하였음을 잘 알 수 있습니다. 바울은 성령님이 주시는 생명을 알지 못하고 하늘을 경험하지 못한 지인들을 놓고 하나님께 간절하게 기도한 기도의 사람이었습니다.

> 이로 말미암아 주 예수 안에서 너희 믿음과 모든 성도를 향한 사랑을 나도 듣고 내가 기도할 때에 기억하며 너희로 말미암아 감사하기를 그치지 아니하고 (엡 1:15-16)

이러므로 내가 하늘과 땅에 있는 각 족속에게 이름을 주신 아버지 앞에 무릎을 꿇고 비노니 그 영광의 풍성함을 따라 그의 성령으로 말미암아 너희 속사람을 능력으로 강건하게 하시오며 (엡 3:14-16)

위에서 인용된 위글스워스의 설교는 우리의 믿지 않는 가족들을 놓고, 자녀들을 놓고 그들을 구원해 달라고 울면서 기도하라고 권고하는 설교입니다. 그러므로 우리는 이러한 그의 권고를 우리의 육신의 가정에도 적용해야 합니다. 에베소서의 기록을 보면, 바울은 자신의 설교를 듣고 예수를 알게 된 모든 사람들을 자신의 영적인 아들과 딸들로 생각하였음을 잘 알 수 있습니다. 바울은 그러한 영적인 자녀들을 향하여 "나의 자녀들아 너희 속에 그리스도의 형상이 이루기까지 다시 너희를 위하여 해산하는 수고를 하노라"(갈 4:19)라고 하였습니다. 그는 자신을 통해 예수를 알게 된 영의 자녀들을 위해 산모가 겪는 해산의 고통과 상응한 고통을 느끼며 기도하였습니다. 바울은 그들이 하늘을 만질 수 있게 해 달라고, 생명의 성령에 대해 알게 해 달라고 울면서 기도하였던 것입니다.

**바울의 다른 사람들을 위한 기도는 기도를 통해 어떻게 생명의 성령이 다른 사람들에게로 들어가게 되는지를 우리에게 알려 줍니다.**

만일 하나님께서 우리에게 "내가 너를 위로하노라."라고 말씀해주심으로 우리를 위로해주시지 않으신다면 우리는 잃어버린 영혼들을 향해 울 수 없습니다. 설령 하나님께서 당신에게 잃어버린 영혼을 향해 울 수 있는 마음을 주셨다고 하더라도, 당신 자신은 실패의 삶을 살아갈 수 있습니다. 사랑하는 여러분들이여, 우리 속에 있는 하나님의 능력이 모든 것의 관건입니다. 하나님께서 우리에게 잃어버린 영혼들을 보고 울 수 있는 마음을 주시고 소위 그리스도인이라고 불리는 사람들의 삶이 옳지 못한 것을 보고 슬퍼할 수 있는 마음을 주신다면, 무엇보다도 먼저 애통하는 마음을 가지고 하나님의 임재 안으로 들어가십시오. 하나님의 임재 없이는 아무 일도 일어나지 않습니다. 하나님께서 당신을 하나님의 임재 안으로 들어가게 하거든 기뻐하십시오. 왜냐하면 당신에게 그 어떤 좋은 일이 일어나게 될 것이기 때문입니다.

하나님께서는 여러분들이 지금 현재에 기뻐하기를 원하십니다. 그분께서 우리를 축복된 장소로 이끄시던, 슬퍼하고 있었을지라도 결국은 기뻐하게 됩니다.

우리는 위에 인용된 설교에서 위글스워스가 말한 "축복된 장소"에서 살아야 합니다. 그 곳은 감추어진 곳으로, "지존자의 은밀한 곳"(시 91:1)입니다. 골로새서 3장 3절에서는 이러한 곳을 "생명이 그리스도와 함께 하나님 안에 감취어진" 곳이라고 표현하였습니다. 그 곳은 부흥을 일으킨 모든 사람들이 이 땅에 사는 동안 살았던 곳입니다. 우리가 그러한 곳에서 살기 전에는 우리에게 그 어떤 일도 일어나지 않습니다. "우리 속에 있는 하나님의 능력이 모든 것의 관건입니다. 하나님께서 우리에게 잃어버린 영혼들을 보고 울 수 있는 마음을 주시고 소위 그리스도인이라고 불리는 사람들의 삶이 옳지 못한 것을 보고 슬퍼할 수 있는 마음을 주신다면", 우리가 새 사람으로 올바르게 살아가게 된다면, "하나님께서 당신을 하나님의 임재 안으로 들어가게 한다면 기뻐하십시오. 왜냐하면 그 어떤 일이 당신에게 일어나게 될 것이기 때문입니다. 하나님께서는 여러분들이 지금 현재에 기뻐하기를 원하십니다. 그분께서 우리를 축복된 장소로 이끄시면, 우리는 슬퍼하고 있었을지라도 결국은 기뻐하게 됩니다."

## 핵심 #4
# 하나님과 동행하는 것이 의(righteousness)다

여러분이 하늘의 최고의 것을 만지는 경험을 하게 되면, 이로 인해 여러분은 절대로 그 상태로 머물러 있지 않고 오히려 하늘의 것들을 더 만지고 더 경험하는 것에 대해 목말라하고 배고파하게 됩니다. 여러분 속에 있는 하나님의 그 어떤 요소들이 여러분으로 하여금 자신을 먼저 온전히 비우게 한 후, 그 비워진 공간을 하나님이 주시고자 하는 것들로 다시 채워주게 하는 것입니다. 여기서 말하고 있는 "의"는 하나님과 함께 걷는 것입니다. "의"를 다시 말하면, 성령을 마시고 그분의 축복으로 계속 흘러넘치도록 채워지기 전까지는 절대로 만족하지 못하기에 그분의 얼굴을 바라보는 것입니다. 그리스도의 "의"를 소유하지 않고서는 인간은 절대로 만족한 상태에 이를 수 없습니다.

오늘날 우리는 딜레마에 빠져있습니다. 오늘날의 교회는 성경의 지식적인 측면만 강조하고 진리에 대한 마음의 반응에 대해서는 등한시하고 있습니다. 그 결과 오늘날의 그리스도인의 신앙 생활은 제자리걸음만 하고 있습니다. 위글스워스는 이것에 대해 하나님에게 자신을 의탁하지 않고 현재의 신앙 상태에만 만족해하는 것이라고 하였습니다. 그 결과 우리는 하나님의 위대한 일들이 일어나는 것에 대해 갈급해하지 않게 되었고, 우리 "속에 있는 하나님의 요소들이 우리 자신을 먼저 온전히 비우게 한 후, 그 비워진 공간을 하나님이 주시고자 하는 것들로 다시 채워주게 하는" 일들이 일어나지 않게 되었습니다. 현재의 신앙 상태에 만족하면 우리는 하늘의 최고의 것들을 만지는 삶은 살 수 없게 되고, 결국은 라오디게아 교회의 교인들과 같은 미지근한 신앙인으로 살아가게 될 뿐입니다.

## 매일의 삶에서 의를 나타냄

만일 제가 여러분들에게 "의에 대해 목말라하고 배고파하십시오."라고 촉구한다면, 여러분들은 아마도 저에게 "나는 이미 예수 그리스도 안에서 하나님의 의가 되었습니다."(고린도후서 5장 21절을 보십시오.)라고 대답할 것입니다. 여러분의 대답은 옳은 대답입니다. 예수를 믿는 여러분은 이미 하나님의 의가 되었습니다. 그러나 하나님의 의가 된 것은 우리의 속사람입니다. 그러므로 우리의 속사람이 의로워진 후에는, 하나님의 의를 향한 목마름과 배고픔이 우리를 점령함으로, 그 의로 인한 하나님의 능력이 우리의 삶을 통해 밖으로 표출되어야 옳습니다.

　제가 이 책의 제 1부에서 이미 언급한 바와 같이 우리가 그리스도 안에서 어떤 지위를 갖게 되었는지에 관한 것은 교회가 과거 50년 동안 너무도 잘 가르쳤습니다. 그러나 그러한 교회의 가르침이 십자가의 삶에 대한 가르침과 잘 조화를 이루어왔다고는 할 수 없습니다. 그 결과 십자가의 삶이란 단지 중간 입장을 취하며 살거나 부정적인 삶을 사는 것으로 인식하여왔고, 매일의 삶을 통해 하나님의 능력이 나타나는 실제적인 삶이 되어야 한다는 관점에서는 인식하지 못하여 온 것이 사실입니다.

　이 점에 관하여 위글스워스는 우리가 받은 하나님의 의는 우리의 일상 생활에서 능력이 나타나는 것으로 검증되어야 한다고 생각하였기에 "이러한 의는 하나님과 같이 동행하는 삶입니다."라는 말을 할 수 있었습니다. 오늘날 정말로 많은 그리스도인들이 하나님의 위대한 일이 행해지기를 간절히 사모하는 마음을 상실하였고, 그들의 의롭게 됨이 일상 생활을 통해 표현되는 것에 대해서 눈이 멀어버렸습니다. 실로 오늘날의 그리스도인들은 믿음에 대해 잘못 알고 있기 때문에 자신들의 현 상태가 얼마나 나쁜 상태인지에 대해 눈이 멀어버렸습니다. 믿음의 삶을 살면 항상 반대에 직면하게 됩니다. 믿음에 대한 거짓된 가르침은, 우리가 바른 믿음을 갖고 살기만 하면 편안한 삶만을 살게 된다는 가르침입니다.

　사람들은 위글스워스를 "믿음의 사도"라고 부릅니다. 그리고 기독교의 수많은 지도자들은 믿음의 원칙을 사람들에게 잘 전달하며 살았던 사람으로 위글스워스를 단연 최고로 꼽습니다. 그러나 슬프게도, 그렇게 하는 사람들의 대부분은 위글스워스의 삶에서 그들의 입맛에 맞는 부분만을 선택하고 있을 뿐이고, 하나님께서 위글스워스의 삶을 통해 우리에게 가르치시고자 하였던 핵심 사항들은 정작 놓치고 말았습니다. 사실, 위글스워스는 믿음의 원리에 대해서 가르친 적이 거의 없습니다. 루이스 페쓰러스(Louis Pethrus)가 말했듯이, 위글스워스는 하나님의 믿음을 많은 사람들에게 전염시켰습니다. 그가 그렇게 할 수 있었던 것은 그가 믿음의 원리에 대해 사람들에게 가르쳤기 때문이 아니라 그 자신이 하나님과 깊은 관계를 갖고 살았기 때문이었습니다. 우리가 믿음의 원리에만 집착하여 그 원리만을 배우려 한다면 믿음의 삶을 사는 데 실패하고 맙니다. 믿음의 삶을 제대로 살아가려면 삶에서 십자가가 나타는 삶을 살아가야 합니다.

**우리의 삶에서 십자가가 나타나지 않는다면 우리의 믿음은 소용이 없습니다.**

## 당신도 부흥의 도구가 될 수 있다

만일 십자가를 통해서 말씀을 봄으로 하나님의 말씀을 온전히 이해할 수 있게 된다면, 당신은 울게 될 것이고, 위글스워스가 이해한 것들을 당신도 이해할 수 있게 될 것이며, 당신이 취득한 의를 삶을 통해 나타낼 수 있게 될 것입니다. 또한 당신의 옛 사람이 그 얼마나 악한 존재였는지를 알게 될 것이고, 자기 자신을 버리고 그 대신 "그분의 축복으로 계속 흘러넘치도록 채워지기 전까지는 절대로 만족하지 못하기에 그분의 얼굴을 바라보게 되는 축복을 유업으로 받게 될 것입니다."

그리고 당신은 부흥의 도구로 쓰임을 받게 될 것입니다.

## 핵심 #5
## 내 안의 부흥

저도 한때는 성질이 못되어서 화를 참지 못해 몸을 부르르 떨곤 하던 적이 자주 있었습니다. 악한 능력들이 저를 그토록 화나게 만들었던 것이지요. 그러던 중 저는 그러한 나쁜 성격들이 저에게 백해무익하다는 사실을 깊이 깨닫게 되었습니다. 그러한 성격들은 내 안에서 자라나야 할 필요성이 전혀 없는 나쁜 성격들이었습니다. 제가 그렇게 나쁜 성격들을 갖고 살아가고 있던 어느 날 집회에 참석했다가 하나님의 능력이 저에게 떨어지자 제가 바닥에 쓰러졌습니다. 이때 저는 주님 앞에서 넘어졌습니다. 그것을 보고 사람들이 "위글스워스는 무슨 죄를 지었기에 저렇게 쓰러지지?"라며 의아해 했습니다. 이런 일은 거의 두 주간이나 계속되었습니다. 제가 교회 강단 쪽으로 나갈 때마다 하나님께서는 저를 덮으셔서 저의 무능함을 확실히 알게 하셨기 때문에 저는 하나님 앞에 몸을 낮추어 울고 또 울었습니다. 그런 저를 보고 애통하는 마음을 갖게 된 설교자와 교회 지도

자들이 저에게 가까이 다가왔습니다. 그런 식으로 해서, 하나님께서 저의 심령에 부흥을 일으키기 시작하셨습니다. 하나님께서 저를 깨심으로 제 안에서 먼저 부흥이 일어나게 하신 것입니다. 오, 이 얼마나 사랑스러운 일인지요! 그런 일이 일어나자 저의 성격이 좋게 변하게 되었습니다. 그리고 그런 저를 보고 저의 아내는 마침내, "제 남편이 하나님의 만지심을 경험하고 난 이후로, 저는 음식을 너무 차갑게 만들거나 너무 뜨겁게 만들어서 남편의 기분을 상하게 한 적이 한 번도 없었습니다."라고 말하기까지 하였습니다.

하나님께서 위글스워스를 부서뜨리셨던 것처럼 우리를 부서뜨리시면, 우리 속에도 부흥이 일어나기 시작합니다. 하나님은 더 많은 위글스워스들과 피니들과 휫필드들과 쿨만들을 찾고 계십니다! 하나님께서 부서뜨리셨기에 자기의 무능함을 철저히 인식하고 그 분 앞에 부복하여 그분만을 배고파하는 사람들을 하나님께서는 찾고 계십니다. 그런 사람을 통해 하나님의 능력이 흘러갈 수 있기에 하나님은 그런 사람들을 찾고 계시는 것입니다.

\* \* \* \* \* \* \* \* \* \*

## "불꽃"이 되십시오

저는 이 책을 읽은 여러분들 속에 거룩한 열정, 곧 하나님이 지피신 불이 타오르게 됨으로 예전과는 전혀 다른 삶을 살아가게 되기를 기도합니다. 또한 위글스워스가 그랬던 것처럼, 사람들이 "당신이 무슨 죄를 그렇게나 많이 지었답니까?"라고 물어볼 정도로 여러분들이 하나님의 번제단 앞으로 나아가고 또 나아가게 되기를 바랍니다. 또한 하나님께서 당신을 쓰러 뜨리셔서 당신의 무능함을 백일하에 드러내심으로 당신이 번제단 앞에서 울고 또 우는 일이 일어나게 되기를 바랍니다. 저는 설교자들과 교회 지도자들이 위글스워스에게 다가감으로 그가 경험했던 부흥의 불이 그들에게 옮겨 붙는 일이 일어나게 되었듯이, 당신에게 일어난 부흥의 불이 다른 설교자들과 교회 지도자들에게 붙여지기를 기도합니다. 당신이 하나님의 "불꽃"(시 104:4)이 되어, 당신이 속한 곳에서 부흥을 일으키는 사람이 될 때까지 계속 전진하십시오.

(성령) 세례를 받은 영혼들을 향한 하나님의 유일한 계획은, 위글스워스가 그랬던 것처럼, 그 영혼들이 죄에 대해 죽는 경험(롬 6:11)을 통해 땅에 떨어져 하나님을 위해 수많은 열매를 맺는 썩어져가는 한 알의 씨앗들이 되도록 하는 것입니다(요한복음 12장 24절을 보십시오). 저는 여러분들이 하나님의 마지막 부흥의 시기에 하나님의 군사로 쓰임을 받는 분들이 되기를 간절히 바랍니다.

## 끝맺는 말

저는 복음 전도자 캐서린 쿨만의 놀라운 증거의 말씀을 통해 이 책을 마치는 말을 대신하고자 합니다. 여기에 실을 캐서린 쿨만의 간증 설교를 녹음테이프를 통해 처음으로 들었을 때, 저는 주저앉아서 한참을 울었습니다. 그녀의 이 간증 설교는 이 책이 결론적으로 말하고자 하는 십자가와 부흥을 너무도 분명하고 확실하게 전하고 있습니다. 제가 그녀의 간증을 여기에 실은 이유는 20세기의 또 다른 위대한 부흥 전도자의 간증을 통해 부흥의 비밀이 무엇인지를 독자 여러분들의 마음 속에 다시 한 번 각인시키기 위함입니다. 저는 독자 여러분들이 그녀가 전한 설교 그대로를 느껴보도록 하기 위해 그녀가 말한 그대로 아래에 옮겨놓아 보았습니다.

어느 날 나에게 일어났던 일을 나는 죽을 때까지 결코 잊어버리지 않을 것입니다. 그날 나는 슬펐고 마음이 깨어졌습니다. 그날은 토요일 오후였고, 나는 막다른 길 쪽으로 걷고 있었습니다. 말 그대로 그 길은 막힌 길이었습니다. 나는 그 곳에 갈 수 있습니다. 나는 바로 그 지점에 갈 수 있습니다. 혼자서. 절대로 잊을 수 없는…

사랑하는 여러분들이여, 이 경험은 지금 이 순간에도 현재의 경험처럼 생생하게 느껴집니다. 그 때 그 순간 나는 성령 충만에 대해서는 아는 바가 없었습니다. 내가 믿기로는, 그분께서 나에게 가르쳐주신 것만이 내가 아는 것의 전부였습니다. 내가 내 삶을 하나님께 내어 드린 그 순간이 토요일 오후 4시였습니다. 나는 그 때 성령 충만에 대해 아무 것도 모르고 있었습니다. 성령 세례에 대해서도, 그리고 방언을 말하는 것에 대해서도 전혀 아는 바가 없었습니다. 성경 말씀에 있는 깊은 진리들에 대해서도 전혀 아는 바가 없었습니다. 그 당시 제가 알고 있는 것은 제가 영혼들을 사랑한다는 사실이었습니다. 그것이 내가 알고 있는 것의 전부였습니다! 그 때 나는 내가 나의 인생길에서 길을 잃고 방황하며 살아가고 있다는 사실과 내 인생의 방황을 끝내기 위해 내가 할 수 있는 유일한 것은 예수를 나의 구주로 받아들이는 것뿐이라는 사실을 깨달았습니다.

내가 그것을 깨닫는 순간, 나의 두 뺨에 눈물이 흘러내렸습니다. 나는 그때 하늘을 쳐다보며 서약하였습니다. 그분과 내가 서로 약속을 한 것입니다. 그 약속은 거룩한 약속이었습니다. 그 약속은 사람들에게 쉽게 말해줄 수 있는 그런 약속이 아니었습니다. 그 약속은 그분과 나 둘 사이에서만 이루어진 개인적인 약속이었습니다. 그 약속은 마치 남편과 아내 사이에 맺어진 약속과 같아서, 공공의 장소에서 아무에게나 말해줄 수 있는 성질의 것이 아니었습니다. 그분은 내가 나의 심장이 움직이는 한 그분과 한 약속을 신실하게 지킬 것이라는 사실을 잘 알고 계십니다. 내 자신도 내가 그분과 한 약속을 끝까지 잘 지킬 것이라는 사실을 잘 알고 있습니다. 우리 둘은 그렇게 서로 약속을 하였습니다. 그러자 모든 것이 제자리를 찾았습니다.

토요일 오후였던 그날 나는 막다른 길에 서서 나의 몸과 혼과 영을 그분께 내어드렸습니다. 나의 모든 것을 그분께 드린 것입니다. 나에 관련된 모든 것을 말입니다. 사랑하는 여러분들이여, 내가 그렇게 하자, 나는 성경에 기록된 예수님의 "아무든지 나를 따라오려거든 자기를 부인하고 자기 십자가를 지고 나를 좇을 것이니라."(마 16:24)라는 말씀의 의미를 알게 되었습니다. 사랑하는 여러분들이여, 십자가는 항상 죽음을 상징합니다. 죽음을 뜻합니다! 그날 오후 나 "캐서린 쿨만"은 죽었습니다. 내가 죽었습니다! 캐서린 쿨만이 죽었습니다!

나는 나의 이름과 전혀 아무런 관계가 없게 되었습니다. 여러분들에게 진실로 말하건대, 나는 죽었습니다. 여러분들이 그런 육의 죽음을 경험해보지 않았다면 여러분들은 내가 무슨 말을 하고 있는지 이해가 되지 않으실 것입니다. 그러나 여러분들 중에 내가 하는 말을 이해하고 있는 분들도 계십니다.

여러분들은 성령 세례에 관한 나의 믿음을 절대로 바꿀 수 없습니다. 나는 성령 세례에 관해 내가 믿고 있는 바가 무엇인지를 너무도 잘 알고 있습니다. 만일 이 세상 모두가 성령 세례라는 것은 없다고 말하고, 성령 충만이란 것이 없다고 말할지라도, 나는 그렇게 말하지 않을 것입니다. 나는 성령 세례를 경험했습니다. 나는 나의 그 경험이 글로 기록되기를 원합니다.

여러분들은 내가 오순절주의자인지 아닌지에 대해 나에게 묻고 싶으시지요? 나는 자기가 오순절주의자라고 주장하는 그 어떤 사람들보다 훨씬 더 오순절주의자입니다. 나는 오순절을 믿습니다. 초대 교회는 오순절 교회였습니다. 그러나 나는 열광주의는 거부합니다. 나는 육신의 나타남은 거부합니다. 사랑하는 여러분들이여, 내가 여러분들에게 드릴 말씀이 있습니다. 나는 방언을 믿습니다. 그러나 오늘날 방언은 할 줄 알면서 성령 세례는 받지 않은 사람들이 아직도 많이 있습니다!

나의 친구들이여, 만일 여러분들이 성령 충만한 상태에 있다면, 성령 세례를 받았다면, 그들이 다락방에서 경험했던 것을 여러분들도 경험했다면, 여러분들의 육을 십자가에 못 박는 것도 같이 있어야 합니다. 육이 죽어야 합니다. 내 말을 믿으십시오. 여러분들은 죽을 것입니다! 여러분들은 죽을 것입니다. 성령 충만한 상태에 있다고 주장하는 그리스도인들 중에 자신의 육이 십자가에 못 박히지 않은 사람들이 아직도 많이 있습니다. 내가 이 점을 분명히 말하기 위해 이제 여러분들에게 성경을 읽어드리겠습다: "형제들아 너희를 부르심을 보라 육체를 따라 지혜로운 자가 많지 아니하며 능한 자가 많지 아니하며 문벌 좋은 자가 많지 아니하도다 그러나 하나님께서 세상의 미련한 것들을 택하사 지혜 있는 자들을 부끄럽게 하려 하시고 세상의 약한 것들을 택하사 강한 것들을 부끄럽게 하려 하시며"(고전 1:26-27). 하나님께서는 금으로 된 그릇을 원하지 않으십니다. 만일 그분이 금으로 된 그릇을 원하셨다면, 주근깨를 갖고 있는 거친 미조리 출신의 빨강 머리 소녀였던 나를 택하시지는 않으셨을 것입니다. 그분은 단지 자기에 대해 죽을 수 있는 사람을 원하십니다! 내가 죽자, 그분이 오셨습니다. 그분이 나를 온통 다 점령하게 되자, 나는 세례를 받았고, 성령으로 채워졌고, 방언을 하게 되었습니다. 바로 그 순간, 나는 나의 모든 것을 그분에게 내어 드렸습니다! 모든 것을! 모든 것을! 그러자, 처음으로 나는 능력을 소유한다는 것이 무엇을 의미하는지 알게 되었습니다.

여러분들도 잘 알고 있듯이, 나는 지금 여러분들에게 기적에 대해 말하고 있습니다. 수없이 많은 사람들이 기적이라는 단어를 너무도 쉽게 사용합니다. 우리는 기적이 일어나게 해 달라고 충분히 기도할 수 있음에도 불구하고 하지 않고 있습니다. 하나님과 여러분 둘만이 만나는 기도, 그런 기도를 하게 되면, 기적은 자동적으로 일어나게 마련입니다. 그러나 여러분들은 그런 일이 일어나도록 노력하고 있지 않습니다.

그 후 나는 성령에 관해 설교하기 시작했습니다. 성령님은 나에게 너무도 확실하게 감지되는 분이셨습니다. 성령님에 관해 내가 여러분에게 말씀드리겠습니다. 오, 나는 성령님에 대해 너무도 확고합니다. 여러분, 여러분들은 성령님을 아십니까? 성령님이 없다면 나의 인생은 끝입니다. 성령님이 없다면 나는 목발 없이 걷는 절름발이일 뿐입니다. 성령님은 내가 기댈 존재이십니다. 나는 원래 내세울 것이 없는 사람입니다. 만일 내가 재주가 많은 사람이라면, 나는 나의 재주를 의지하였을 것입니다. 만일 내가 많이 배운 사람이라면 나는 나의 학식에 기대었을 것입니다. 그러나 나는 그런 기댈만한 것이 전무한 사람입니다. 나는 기댈 목발이 없는 절름발이였습니다. 나는 기댈 것을 하나도 가지고 있지 않았습니다. 아무것도 없습니다! 그런데 그분이 말씀하셨습니다. 그분은 가장 쓰임 받을 수 없을 것같은 사람을 선택하여 쓰신다고 말씀하셨습니다. 왜 그분이 그렇게 말씀하셨을까요? 그분 자신이 영광 받으시기 위해 그렇게 말씀하신 것입니다. 성령에 관해서 만큼은 내가 확고한 생각을 갖고 있는 이유는 성령의 능력 없이는 나는 아무 것도 아니고, 소망 없는 인간임에 불과하다는 사실을 너무도 잘 알고 있기 때문입니다.

나의 개인적인 이야기를 해드릴까요? 내 개인적인 이야기를 하겠습니다. 기적이 일어나고 있는 이와 같은 집회들에 대해 말씀드리겠습니다. 내가 이 위에 올라오기 전에 내가 저기 커튼 뒤에서 기다리고 있는 동안 나는 수천 번 죽습니다. 나에게 있어서 이 세상에서 가장 긴 거리는 저기 저 커튼 뒤에서부터 내가 지금 서 있는 이 강단까지의 거리입니다. 그 이유는 이 세상 그 어느 누구보다 내 자신이 나에 대해 너무도 잘 알고 있기 때문입니다. 나는 정말로 아무것도 아닙니다! 내가 아무것도 아니라는 사실을 나보다 더 잘 알고 있는 사람은 이 세상에는 나 외에는 아무도 없습니다. 이곳으로 걸어 나오는 동안 나는 수천 번을 죽습니다. 내가 걸어 나오는 동안 때론 미소를 짓기도 합니다. 때론 재빨리 걸어 나오기도 합니다. 내가 그렇게 빨리 걸어 나오는 이유는 이 강단에 섰을 때 나에게 임할 기름부음에 대한 나의 갈망이 너무도 크기 때문입니다. 나는 커튼 뒤에서 대기하고 있을 때, 내가 이곳에 서게 되면 여러분들을 대면하게 될 것이고, 내가 곧 만나게 될 여러분들 중에는 이 집회에 참석하기 위해 많은 희생을 치르신 분들이 많다는 사실에 대해 생각합니다. 나는 커튼 뒤에서 대기하고 있는 동안, 여러분들 중에는 암에 걸리신 분도 있고, 자신의 육체에 대한 마지막 희망을 가지고 오신 분들이 있다는 사실에 대해 곰곰이 생각합니다. 나는 여러분들의 처지가 그렇다는 사실을 너무도 잘 인식하고 있습니다. 또한 나는 여러분들이 원하는 것을 하나도 들어 줄 수가 없는 사람이라는 사실도 잘 알고 있습니다. 나는 여러분들을 치료해 줄만한 그 어떤 재주도 없는 사람이란 사실을 내 자신이 너무도 잘 알고 있습니다. 여러분, 나에게는 그런 능력이 없습니다. 나는 여러분들을 치료할 능력을 갖고 있지 않다는 사실을 제발 좀

믿어주십시오! 성령의 능력 없이는 나는 아무 것도 할 수 없습니다.

여러분들은 성령의 은사에 관해 자주 말하곤 합니다. 내가 하는 말을 믿어주십시오. 진리에 귀를 기울여 주십시오. 내가 그 어떤 상황에 처하게 된다고 하더라도 내가 내 입으로 그 어떤 은사를 가졌다고 자랑하는 말을 여러분들은 결코 듣지 못하실 것입니다. 나는 은사를 믿습니다. 오, 나의 형제들이여, 주님 안에서 나의 귀한 분들이여, "나"라는 존재의 모든 부분들은 모두 은사를 믿습니다. 사실, 나는 성령의 은사에 대해 확실하게 믿기 때문에 성령을 절대로 제한하지 않습니다. 그렇기 때문에 나는 성령이 주는 은사가 단지 아홉 가지 밖에는 없다고 생각하지 않습니다. 나는 아홉 가지 이상이라고 생각합니다. 여러분, 그분(성령님)을 제한하지 마십시오. 여러분들이 어디서 무슨 일을 하는지, 그분을 제한하지 마십시오. 사랑하는 여러분, 나는 성령 세례를 믿을 뿐 아니라, 성령의 은사가 미국의 모든 교회 안에서 사용되어져야만 한다는 사실 또한 믿습니다! 그리고 이 세상의 끝날이 다가올수록 그러한 경우를 더 많이 목격하게 되리라고 믿습니다.

준비하십시오. 내가 여러분들에게 말씀드릴 것은 오늘날에 관한 것입니다. 나는 여러분들에게 가장 최근의 것을 말씀드리겠습니다. 우리는 지금 한 시대가 막을 내리려는 때에 살고 있습니다. 내가 여러분들에게 하고 있는 말은 너무도 중요한 말입니다. 이 집회가 끝나고, 내가 설교하는 이 시간이 끝나고 나면, 성령께서 여러분들 중에 자신에 대해 기꺼이 죽고자 하는 분들을 부르게 되시기를 기도합니다.

사랑하는 여러분들이여, 나는 성령의 은사를 믿습니다. 나는 은사 사용을 믿습니다. 또한 나는 하나 또는 그 이상의 은사를 받은 사람은 자신이 받은 은사에 대해 떠벌리며 돌아다니거나 자랑해서는 안 된다고 생각합니다. 어떤 사람이 나에게 다가와 "쿨만 양, 나는 이런 저런 은사를 갖고 있습니다."라고 말하는 것이 너무 싫습니다. 나는 그런 말을 들으면 겁이 납니다. 여러분들도 잘 아시다시피, 성령님께는 중요한 것들이 있습니다. 몇 주 전에 나는 그리스도가 위대한 메시아라는 사실을 처음으로 알게 된 어떤 유태인 신사를 만나보았습니다. 나는 그때 그분과 단 둘이서 예배당 안에 있었습니다. 나는 그분을 보았습니다. 나는 그분이 하나님을 경배하는 소리를 들었습니다!

때때로 나와 여러분들은 하나님을 꽤나 잘 알고 있는 듯이 생각하곤 합니다. 내가 방금 한 말을 곡해해서 듣지 마십시오. 제발 오해하지 말고 들으십시오. 우리 대부분은 그분에 대해 잘 알고 있는 줄로 생각하고 있습니다. 그분은 거룩한 하나님이십니다. 그분은 정말로 거룩하신 하나님이십니다! 예수에 관해 말해보자면, 오, 예수의 이름 안에 능력이 있습니다. 예수라는 이름. 예수. 여러분들 중에서 대부분의 사람이 성령에 대해 너무도 잘 알고 있다고 생각합니다. 그러나 나는 성령에 관해 내가 경험하고 관계한 성령님에 대해서만 여러분들에게 말씀드릴 수 있을 뿐입니다. 그분은 너무도 대단한 분이십니다. 여러분은 그분이 삼위일체의 하나님 중에 한분이란 사실은 다 알고 계시지요? 이 시간, 나에게 여기 와 계신 분들이 너무도 실체이듯이 성령님은 나에게 그렇게 실체이신 분이십니다.

저는 지금 매우 외로운 삶을 살고 있습니다. 내가 여러분들 앞에 서 있지 않을 때에는, 나는 혼자 있습니다. 그분만이 나의 전부입니다. 나는 그분을 따르는 것을 배우는 중에 있습니다. 그분은 내가 이용해 먹을 수 있는 인간이 아니십니다. 여러분들도 아시는 바와 같이, 우리들은 그 동안 성령님을 이용해서 이득을 취하려고 해 왔기 때문에 삶에 곤경을 겪게 되었습니다. 그렇게 했던 사람의 간증을 들어보면 능력은 없고 공허함만 있을 뿐입니다. 우리가 그렇게 되는 이유는 육신을 의지했기 때문입니다. 여러분들은 진정으로 그분을 잘 알고 계십니까? 정말 그렇습니까? 여러분이 만일 어떤 사람을 진정으로 사랑한다면, 그 사람의 성향이 무엇인지 그리고 그 사람이 좋아하는 것과 싫어하는 것이 무엇인지 알고 싶어 하게 됩니다. 여러분들은 그분을 잘 알고 계십니까? 여러분들은 그분을 인격적으로 알고 계십니까? 아니면 그분을 단지 방언을 하게 해 주시는 분으로만 알고 계십니까? 나는 지금 여러분들이 그분을 사랑하는 사람을 알고 있듯이 알고 있는 지를 물어보고 있는 것입니다. 나는 절대로 내가 받은 은사를 자랑하지 않겠습니다. 왜냐하면 이미 내가 말했던 바 대로, 성령님께서는 빈 그릇을 사용하시기 때문입니다. 성령님이 다 하십니다. 그분은 인격적인 존재이십니다. 내가 해야 할 것은 단지 나를 비워 빈 그릇이 되는 것입니다. 그게 내가 해야 할 전부입니다. 그게 전부입니다. 그게 전부입니다. 나의 형제들이여, 여러분들은 그 동안 너무 열심히 애쓰셨습니다. 여러분들은 고군분투해 왔고 애써왔습니다. 여러분들은 고통스러워하며 찾고 또 찾아왔습니다. 자매님들, 당신들은 노력하고 또 열심히 노력하여 왔습니다. 이제 애쓰는 것을 중단하시고 하나님께 항복하십시오.[40]

## 후주

1) 다음에서 발췌 Albert Hibbert, Smith Wigglesworth: The Secret of His Power(Tulsa, OK: Harrison House, 1993), 69-70
2) Albert Hibbert, The Secret of His Power(Tulsa, OK: Harrison House, 1993), 28 그리고 Smith Wigglesworth: Apostle of Faith(Springfield, MO: Gospel Publishing House, 1993), 103.
3) 다음에서 발췌 Smith Wigglesworth: "Life in the Spirit," sermon, 원래는 The Pentecostal Evangel. 에 실렸음
4) 다음을 보십시오. The Wigglesworth Standard(New Kensington, PA: Whitaker House, 1993)
5) Albert Hibbert, Smith Wigglesworth: The Secret of His Power(Tulsa, OK: Harrison House, 1993), 59.
6) Hibbert, The Secret of His Power, 14-15.
7) 앞과 동일
8) Hibbert, The Secret of His Power, 14-15
9) P [Peter]. J. [James] Madden, The Wigglesworth Standard(New Kensington, PA: Whitaker House, 1993), 7.
10) George Stormont, Wigglesworth: A Man Who Walked with God(Tulsa: Harrison House, 1989), 9.
11) 스미스 위글스워스의 "그리스도의 편지: 그분의 영광을 나타냄"(Epistle of Christ: Manifesting Forth His Glory,"라는 설교는 믿음의 승리(Triumphs of Faith)라는 책에 처음으로 실렸음. 캘리포니아, 오클랜드에 있는 평화의 집(the Home of Peace)의 허락을 받고 여기에 다시 실었음
12) William Hacking, Smith Wigglesworth Remembered(Tulsa, OK: Harrison House, 1982), 74.
13) Hibbert, The Secret of His Power, 10.
14) Harold A. Fisher, Reviving Revivals, 78, 다음에 인용되어 있음: Winkie Pratney, Revival(Springdale, PA: Witaker House, 1984), 24.
15) Fischer, Reviving Revivals, 84-86, 다음에 인용되어 있음: Pratney, Revival, 26.
16) J. [John] C. [Charles] Ryle, Christian Leaders of the Eighteenth Century, 49. 다음에 인용되어 있음: Pratney, Revival, 98.
17) 다음을 보십시오.: Ryle, Christian Leaders of the Eighteenth Century, 39. 다음에 인용되어 있음: Revivial, 101.
18) George Whitefield, Journals, 223. 다음에 인용되어 있음: Revivial, 102.
19) Pratney, Revival, 102.
20) Ryle, Christian Leaders, 52, 다음에 인용되어 있음: Revival, 99.
21) Ryle, Christian Leaders, 54, 다음에 인용되어 있음: Revival, 100.

22) 위와 동일
23) 위와 동일
24) Pratney, Revival, 109.
25) Fischer, Reviving Revivals, 8156, 다음에 인용되어 있음: Pratney, Revival, 112.
26) 다음 책의 표지에 있는 글임: Charles G. Finney by Basil Miller, 다음에 인용되어 있음: Pratney, Revival, 127.
27) Smith Wigglesworth, "Like Precious Faith," Sermon 이 설교는 원래 다음의 저서에 실려 있었음: Triumphs of Faith. 캘리포니아 주 오클랜드에 있는 평화의 집(the Home of Peace)의 허락을 받고 인용함.
28) Madden, The Wigglesworth Standard, 29.
29) 1993년도에 저자가 미국 캘리포니아 주, 소로나(Sonora)에서 저자의 친구와 대화한 내용임
30) Pratney, Revival, 128-134. Note: Pratney는 Finney의 Systematic Theology에 관한 것을 다음의 책에서 인용함: J. H. Fairchild, ed., Finney's Systematic Theology(Bethany Fellowship, 1976). Pratney는 또한 Finney의 삶에 관한 것을 다음의 책에서 인용함: The Autcbiography of Charles Finney,(Bethany Fellowship, 1976.) Pratney의 피니의 자서전에서 인용하였다고 한 부분은 실제적으로 다음의 책에서 따온 것임: Helen Wessel, ed., The Autobiography of Charles Finney,(Bethany Fellowship, 1977).
31) Pratney, Revival, 96-98.
32) Madden, The Wigglesworth Standard, 47.
33) "Until That Final Day" by Keith Green. Birdwing Music/BMG Songs, Inc./Ears to Hear Music. All rights reserved. 허락을 받고 사용함.
34) "My Eyes Are Dry" by Keith Green, Birdwing Music/BMG Songs, Inc./Ears to Hear Music. All rights reserved. 허락을 받고 사용함.
35) 이 팜플렛은 다음의 제목으로 재 인쇄됨: "Keith Green": The Man Behind the Message" by Last Days Ministries, P. O. Box 40, Lindale, Texas 75771.
36) Evangelist Ray Bloomfield, conversation with author, Brisbane, Australia, August 1996.
37) 스미스 위글스워스의 "최고의 구원"(Uttermost Salvation)이라는 제목의 설교는 믿음의 승리(Triumphs of Faith)라는 책에 처음으로 실렸음. 캘리포니아, 오클랜드에 있는 평화의 집(the Home of Peace)의 허락을 받고 여기에 다시 실었음.
38) Smith Wigglesworth, "Changed from Glory to Glory," sermon, Triumps of Faith라는 책에 처음 실렸음. 캘리포니아 주 오크랜드에 있는 평화의 집(소 Home of Peace0의 허락을 받고 사용함.
39) 다음 단체의 허락을 받고 인용함: The Kathryn Kuhlman Foundation, Pittsburgh, Pennsylvania.
40) 다음 단체의 허락을 받고 인용함: The Kathryn Kuhlman Foundation, Pittsburgh, Pennsylvania.

## 저자 소개

피터 제이 매든(Peter J. Madden)은 과거 15년간 목사, 복음 전도자, 기독교 캠프 및 컨퍼런스 강사, 찬양 인도자로 사역하였습니다. 호주와 미국에서 교회들을 개척한 바 있고, 지금은 아시아, 유럽, 아메리카, 아프리카의 여러 나라와 교회들을 다니면서 대규모 복음 전도 집회와 컨퍼런스의 강사로 서고 있습니다.

피터는 1961년에 호주 시드니에서 태어났습니다. 그는 복음 전도자인 스미스 위글스워스라는 사람의 이름을 듣자마자 그에게 흥미를 가지기 시작하였고, 성령께서는 그에게 위글스워스에 대해 연구하라고 지시하셨습니다. 호주 월롱공(Wollongon)의 목회 사역을 접고 1989년 저자는 가족과 함께 미국의 캘리포니아 주로 가게 되는데, 거기서 그는 하나님의 인도하심을 받아 오클랜드에 있는 선교사들이 머무르는 오래된 집으로 가게 됩니다. 그 선교사들의 집은 위대한 믿음의 사람들이 수년간 머물렀던 곳입니다. 저자는 그 집의 맨 앞방에서 위글스워스의 설교 37편이 담겨진 상자를 발견하였습니다. 그때 발견한 설교들을 기초로 하여 저자는 그의 첫 저서 "위글스워스는 이렇게 했다(The Wigllesworth Standard)"와 본서를 저술하였습니다. 휫테커 하우스 출판사(Whitaker House)가 발간한 "위글스워스는 이렇게 했다"는 현재 7만부 이상이 팔렸습니다.

## 역자 소개

역자 박미가(태경) 목사는 1953년 생으로, 연세대 생화학과, 미조리 주립대 생화학과와 풀러 신학교를 졸업하였고, 현재는 예수전도단(YWAM)을 위시한 여러 교회에서 아버지 마음 강사로 활동하고 있다.

그의 주요 역서로는 위글스워스의 천국(위글스워스, 믿음의 말씀사), 스미스 위글스워스의 성령의 은사(순전한 나드), 새롭게 시작하는 기적 인생(티 엘 오스본, 믿음의 말씀사), 좋은 인생(티엘 오스본, 믿음의 말씀사), 치유 사역의 거장들(로버츠 리아돈, 은혜 출판사), 하나님 나라의 복음(조지 래드, 서로 사랑), 마귀의 책략과 교회의 승리(릭 조이너, 은혜 출판사), 동산 안에 두 나무(릭 조이너, 은혜 출판사), 열린 하늘을 통하여 하나님을 경험하라(마크 듀퐁, 은혜 출판사), 부활(벤 피터스, 순전한 나드)외 여러 권이 있다.

## 믿음의 말씀사 출판물  http://faithbook.kr

### 케네스 해긴의 「믿음 도서관」 책들  케네스 해긴 지음 · 김진호 옮김

- 믿는 자의 권세 (생애기념판) | 양장본 신국판 264p / 값 13,000원
- 당신이 알아야 하는 신유에 관한 일곱 가지 원리 | 국판 112p / 값 5,000원
- 기도의 기술 | 국판 208p / 값 7,000원
- 인간의 세 가지 본성 (증보판) | 국판 128p / 값 5,500원
- 어떻게 하나님의 영으로 인도받을 수 있는가? | 국판 208p / 값 7,000원
- 믿음의 계단 | 국판 240p / 값 8,500원
- 마이더스 터치 | 국판 272p / 값 10,000원
- 당신을 향한 하나님의 계획 | 국판 240p / 값 8,500원
- 하나님 가족의 특권 | 국판 176p / 값 6,500원
- 나는 환상을 믿습니다 | 국판 208p / 값 7,000원
- 하나님의 계획과 목적과 추구 | 국판 224p / 값 8,000원
- 역사하는 기도 | 국판 256p / 값 9,000원
- 병을 고치는 하나님의 말씀 | 국판 184p / 값 7,000원
- 영적 성장 | 국판 192p / 값 7,000원
- 치유의 기름부음 | 국판 344p / 값 10,000원
- 크게 성장하는 믿음 | 국판 160p / 값 6,000원
- 신선한 기름부음 | 국판 176p / 값 7,000원
- 예수 열린 문 | 국판 216p / 값 8,000원
- 믿음이란 무엇인가 | 국판 64p / 값 2,500원
- 진짜 믿음 | 국판 56p / 값 2,000원
- 기름부음의 이해 | 국판 264p / 값 9,000원
- 그리스도께서 지금 하고 계시는 일 | 국판 64p / 값 2,500원
- 승리하는 교회 | 신국판 496p / 값 15,000원
- 믿음의 양식 | 국판 384p / 값 13,000원
- 조에 | 국판 96p / 값 4,000원
- 그리스도의 선물 | 신국판 368p / 값 12,000원

- 믿음이 흔들리고 패배한 것 같을 때 승리를 얻는 법 | 신국판 160 p / 값 7,000원
- 충분하고도 넘치는 하나님 엘 샤다이 | 국판 64 p / 값 2,500원
- 하나님의 말씀 : 모든 것을 고치는 치료제 | 국판 72p / 값 3,000원
- 믿음의 선한 싸움을 싸우는 법 | 국판 200 p / 값 7,000원
- 그리스도 안에서 | 문고판 48p / 값 1,000원
- 새로운 탄생 | 문고판 48p / 값 1,000원
- 방언기도의 능력을 풀어 놓으라 | 문고판 64p / 값 1,200원
- 재정 분야의 순종 | 문고판 48p / 값 1,000원
- 말 | 문고판 48p / 값 1,000원
- 나는 지옥에 갔다 왔습니다 | 문고판 48p / 값 1,000원
- 하나님의 처방약 | 문고판 48p / 값 1,000원
- 더 좋은 언약 | 문고판 48p / 값 1,000원
- 옳은 사고방식 틀린 사고방식 | 문고판 64p / 값 1,200원
- 속량 - 가난, 질병, 영적 죽음에서 값 주고 되사다 | 문고판 64p / 값 1,200원
- 예수의 보배로운 피 | 문고판 48p / 값 1,000원
- 하나님을 탓하지 마십시오 | 문고판 48p / 값 1,000원
- 네 주장을 변론하라 | 문고판 48p / 값 1,000원
- 셀 모임에서 성령인도 받기 | 문고판 48p / 값 1,000원
- 네 염려를 주께 맡겨라 | 문고판 80p / 값 2,000원
- 성령을 받는 성경적인 방법 | 문고판 64p / 값 1,200원
- 안수 | 문고판 48p / 값 1,000원
- 치유를 유지하는 법 | 문고판 48p / 값 1,000원
- 사랑은 결코 실패하지 않습니다 | 문고판 48p / 값 1,000원

## 기타 「믿음의 말씀」 설교자의 책들

- 성령의 삶 능력의 삶 | 데이브 로버슨 지음 · 김진호 옮김 / 국판 480p / 값 13,000원
- 왕과 제사장 | 김진호 지음 / 국판 136p / 값 6,500원
- 믿음의 반석 | 최순애 지음 / 국판 352p / 값 12,000원
- 새 언약의 기도 | 최순애 지음 / 신국판 192p / 값 8,000원
- 위글스워스 : 하나님과 함께 동행했던 사람 | 조지 스토몬트 지음 · 김진호 옮김 / 국판 192p / 값 7,000원

- 위글스워스 : 하나님의 능력으로 불타오른 삶 | 윌리엄 허킹 지음 · 김진호 옮김 / 국판 104p / 값 5,000원
- 승리하는 믿음 | 스미스 위글스워스 지음 · 김진호 옮김 / 46판 112p / 값 4,000원
- 스미스 위글스워스의 천국 | 스미스 위글스워스 지음 · 박미가 옮김 / 신국판 320 p / 값 11,000원
- 위글스워스는 이렇게 했다 | 피터 J. 매든 지음 · 박미가 옮김 / 국판 272p / 값 9,000원
- 스미스 위글스워스의 능력의 비밀 | 피터 J. 매든 지음 · 박미가 옮김 / 국판 200p / 값 7,000원
- 행동하는 신자들 | T. L. 오스본 지음 · 김진호 옮김 / 46판 112p / 값 4,000원
- 기적 - 하나님 사랑의 증거 | T.L. 오스본 지음 · 김진호 옮김 / 46판 144p / 값 4,500원
- 새롭게 시작하는 기적 인생 | T. L. 오스본 / 라도나 오스본 지음 · 박미가 옮김 / 46판 288p / 값 8,000원
- 좋은 인생 | T. L. 오스본 지음 · 박미가 옮김 / 신국판 416p / 값 13,000원
- 성경적인 치유 | T.L. 오스본 지음 · 김진호 옮김 / 국판 272p / 값 10,000원
- 100개의 신유 진리 | 티 엘 오스본 지음 · 김진호 옮김 / 문고판 48p / 값 1,000원
- 하나님의 큰 그림 | 라도나 C. 오스본 지음 · 문지숙 옮김 / 46판 160p / 값 5,500원
- 믿음의 말씀 고백 기도집 | 잔 오스틴 지음 · 김진호 옮김 / 46판 160p
- 하나님의 사랑의 흐름 | 잔 오스틴 지음 · 김진호 옮김 / 46판 48p
- 견고한 진 무너뜨리기 | 잔 오스틴 지음 · 김진호 옮김 / 46판 48p
- 초자연적인 흐름을 따르는 법 | 잔 오스틴 지음 · 김진호 옮김 / 46판 96p
- 당신의 운명을 바꿀 수 있습니다 | 잔 오스틴 지음 · 김진호 옮김 / 46판 96p
- 복을 취하는 법 | R.R.쏘아레스 지음 · 김진호 옮김 / 국판 128p / 값 5,500원
- 믿음으로 사는 삶 | 코넬리아 나줌 지음 · 신현호 옮김 / 김진호 추천 / 46판 176p / 값 6,000원
- 그리스도 안에 있는 나를 인정하기 | 마크 햄킨스 지음 · 김진호 옮김 / 문고판 48p / 값 1,000원
- 여기서 머물지 말라 | 크리스 오야킬로메 지음 · 김진호 옮김 / 46판 72p / 값 2,500원
- 방언기도학교 31일 | 크리스/애니타 오야킬로메 지음 · 이종훈/김인자 옮김 / 46판 80p / 값 2,500원
- 이제 당신이 거듭났으니 | 크리스 오야킬로메 지음 · 김진호 옮김 / 문고판 64p / 값 1,500원

# 예닮 선교센터
## Word of Faith Mission Center

**예닮교회**
- MISSION – 선교하라고 복 주신 교회
- WORD – 믿음의 말씀을 전파하는 교회
- SPIRIT – 표적과 기사가 함께하는 교회

**목회자 컨퍼런스**
믿음의 말씀 네트워크 목회자 대상

**믿음의 말씀 집회**
초청 강사 인도 공개 집회

**예수선교사관학교**
새로운 피조물의 계시를 바탕으로, '믿음의 말씀'과 '성령의 능력'으로 구비된 하나님 군대의 장교를 배출하는 사역자 훈련 학교입니다.

**믿음의 말씀사**
케네스 해긴, T.L. 오스본, 스미스 위글스워스 등 믿음의 말씀 계열 고전 및 대표 서적을 번역·출간하는 전문 출판사입니다.
- 홈페이지 : http://faithbook.kr • 전화 : 031) 8005-5493

예닮선교센터
Word of Faith Mission Center

경기도 용인시 기흥구 마북동 323-4
Tel : 031) 8005-8894~6
www.jesuslike.org

# 예수 선교 사관학교
## Jesus Mission Academy

### 당신을 향한 하나님의 계획을 찾아 이루고 싶으십니까?

예수 선교 사관학교는 당신을 위한 훈련소입니다!
예수선교사관학교는 '믿음의 말씀'과 '성령의 능력'으로 구비된 하나님 군대의 장교를 배출하는 사역자 훈련 학교입니다.

예수 선교 사관학교에서는 이런 것을 배울 수 있습니다.
- 새로운 피조물 – 새 언약의 비밀인 새로운 피조물에 대한 분명한 계시
- 믿음의 말씀 – 말씀이 실재가 되는 능력 있는 그리스도인의 삶
- 인턴십 – 학교에서 배운 것을 사역 현장에서 검증하는 인턴십

■ **모집 대상**
   – 목회자, 선교사, 셀리더 또는 소명자 (연 1회 모집)

■ **강의 일시 (학기제 운영)**
   – 현직 목회자반 : 매주 월 9:00~17:30 (용인 예닮선교센터)
   – 사역자 훈련반 : 매주 화, 목 19:00~20:30 (분당 이매동 강의실)

■ **강의 과정**
   – 1학년 : 믿음의 말씀의 핵심 이론 과정
   – 2학년 : 사역자 대상의 실습 중심 과정
   – 3학년 : 인턴 훈련 과정
   ※ 2, 3학년 등반은 선별 적용

**예수선교사관학교**
Jesus Mission Academy

경기도 용인시 기흥구 마북동 323-4
Tel : 031) 8005-8894~6
www.jesuslike.org